Florida

Meine Lieblingsplätze

❖

St. Augustine
Die älteste Stadt Amerikas erlebt man am besten zu Fuß. Über Kopfsteinpflaster flaniert man an wunderschönen alten Kolonialhäusern vorbei zu zahlreichen Museen.
->S. 120

❖

Key Largo
Schillernde Fische umkreisen leuchtende Korallen – vor den Menschen, die zwischen ihnen schnorcheln, haben sie überhaupt keine Angst. Ein Hoch auf den Journalisten John Pennekamp, der sich in den fünfziger Jahren für den Schutz des Riffs einsetzte!
->S. 97

❖

Ybor City
In manchen Gassen des Zigarrendreherviertels duftet es noch nach Tabak. Für Touristen werden in den toll sanierten Gassen heute wieder Zigarren von Hand gerollt.
->S. 115

Liebe Leserin, lieber Leser,

Florida ist bunt und aufregend. Es erinnert mich an einen Zirkus – voll spannender Menschen, Tiere und Attraktionen. Hier dürfen Erwachsene wieder Kind sein, beim künstlichen Wildwasser-Abenteuer, auf der Achterbahn oder in einer Delfin-Show oder in Disney World. Ein amerikanisches Reisebuch rät: „Stellen Sie sich einfach vor, Sie wären noch einmal fünf, und Sie werden eine großartige Zeit verleben." Wir sollten uns ein Beispiel nehmen an den Amerikanern, die sich nicht kindisch fühlen, wenn sie Spaß haben, sondern es genießen. „Enjoy!" – „Genießen Sie es!", ist die Aufforderung, die unsere Reporter in Florida ständig hörten.

Das haben wir getan! Dabei ist der Sunshine State viel mehr als nur ein Freizeitpark. In vielen Städten gibt es hervorragende Museen, die weltberühmte Sammlungen zusammengetragen haben – ja, es gibt sogar ein tolles Zirkus-Museum! Zu schweigen von der Kulturmetropole Miami mit ihren Galerien und dem bonbonbunten Art-déco-Viertel, das schöner glänzt denn je – nachdem es vor 20 Jahren beinahe abgerissen worden wäre. Die Entscheidung „Strand oder Programm?" fällt da jeden Tag aufs Neue schwer. Denn Floridas Strände gehören zu den schönsten der Welt. Vor allem am Golf von Mexiko sind sie feinsandig und kilometerlang – und an kaum einem Ort der Welt versinkt die Sonne so spektakulär im Meer wie dort.

Die Landschaft außerhalb der Städte ist meist völlig unberührt und wird in fast 2500 Quadratkilometern Naturparks geschützt. Die Vielfalt der Tiere und Pflanzen, die man schon bei kurzen Ausflügen zu sehen bekommt, ist beeindruckend. Leider hat die Natur in Florida auch ein gewalttätiges Gesicht: Immer wieder verwüsten schwere Wirbelstürme das Land zwischen den Meeren. Uns hat fasziniert, wie genau Wissenschaftler über die Hurrikane Bescheid wissen – und sie dennoch kaum beeinflussen können. Bewundernswert, wie gelassen die Floridianer mit der Gefahr leben. Und genießen.

Herzlich, Ihr

Andreas Hallaschka
MERIAN-Chefredakteur

FÜR MERIAN UNTERWEGS

GERALD HÄNEL gab für dieses MERIAN-Heft alles: Der Fotograf fuhr mehr als 5000 Kilometer durch das Land, tauchte ab und ging auch noch eine Nacht ins Gefängnis, weil er ein Verbotsschild missachtet hatte. S. 34

ANJA HAEGELE schloss in einem Freizeitpark in Orlando Freundschaft mit Delfin-Dame Natasha. Auf Sanibel sah die MERIAN-Redakteurin Natashas Artgenossen in Freiheit – was sie sehr viel mehr berührte. S. 84

SUSANNE WEINGARTEN hatte beim Meerjungfrauen-Training Probleme mit Auftrieb und Atmung – die sie bis zum nächsten Einsatz als Nixe unter Kontrolle bringen will. S. 74

INHALT

Florida

6 **SKIZZEN** | **Von Micky Maus bis Weißer Hai**
Superlative aus Disney World, Blitze, Bisse und ein Unterwasserhotel

12 **FOTO-REISE** | **Wo der Sommer nie zu Ende geht**
Bilder aus dem Sunshine State: große Fische, einsame Inseln, schräge Typen und immer wieder das Meer

28 **ESSAY** | **Der ewige Zauber der Schöpfung**
Lorian Hemingway reiste auf den Spuren ihres Großvaters Ernest und entdeckte Floridas magische Anziehungskraft

32 **TOP TEN** | **Strände**
Feiner Sand und Sonne satt – die schönsten Badeplätze

>> 34 **STADTBILDER** | **Bienvenido, welcome to Miami**
Eine Metropole, die alles bietet: Spaß, Kultur, Glamour, edle Villenviertel und Inseln für Millionäre

44 **MIAMI** | **Wie Kuba – aber mit Zukunft**
Für die meisten Einwanderer ist Little Havana der Start ins Glück

48 **KUNSTSZENE** | **Heilige Messe**
Die Art Basel Miami Beach ist Amerikas wichtigstes Kunst-Event

52 **HURRIKANE** | **Den Sturm im Auge**
Wirbelstürme kann man nicht aufhalten – aber zum Schutz der Menschen immer besser erforschen

60 **TOP TEN** | **Vergnügungsparks**
Abenteuer, Adrenalin, Animation: Spaß für Groß und Klein

>> 62 **FLORIDA KEYS** | **Zwischen zwei Meeren**
Die tropischen Inseln sind Revier für Raubeine und Romantiker

70 **DER ZWEITE BLICK** | **Die Brücke am Key**
Die Seven-Mile Bridge von Henry M. Flagler erschloss die Keys

72 **TOP TEN** | **Kunstmuseen**
Botticelli, Dalí, Tiffany: Sammlungen von Weltklasse

74 **FREIZEIT** | **Von Seekühen und Meerjungfrauen**
Märchenhaftes Theater unter Wasser: Manatis stehlen tanzenden Nixen in Weeki Wachee die Schau

80 **TOP TEN** | **Wellness-Hotels**
Luxus für alle Sinne: die besten Spas

84 **GOLFINSELN** | **Zaungast im Paradies**
Tiere haben auf Sanibel und Captiva keine Angst vor Menschen und lassen auch Besucher dicht an sich heran

>> 88 **EVERGLADES** | **Es lebe der Sumpf**
Jahrzehnte lang legten Menschen den „Fluss aus Gras" trocken und zerstörten ihn fast. Jetzt soll die Wildnis sich wieder erholen

96 **TOP FIVE** | **Shopping und Aktiv**
Die besten Malls und spannendsten Touren

100 **STÄDTEBAU** | **Unser kleines Ghetto**
Man bleibt gern unter sich. Eigene Städte für Rentner, Reiche und Homosexuelle haben in Florida Hochkonjunktur

SEITE 88

GRÜN IST DIE HOFFNUNG

Die Everglades sind schon heute ein Labyrinth voll versteckter Naturschätze, in dem nur Ranger die Orientierung behalten und es wagen, einen Alligator zu kraulen. Dennoch wird es Jahre dauern, bis das Ökosystem gerettet ist

MERIAN | Service >>ab Seite 105

TOP TIPPS | Das sollten Sie nicht verpassen ____ 105
MIAMI | Heiraten am Strand, edle Paläste, Art déco in Miami Beach, Clubs, Shopping und Essen im Bett ____ 106
KEYS | Maritime Museen, Bars und frischer Fisch ____ 109
EVERGLADES | Entdeckertouren, Sicherheit, Camping, Bed & Breakfast, Pubs in der Wildnis ____ 112
WESTKÜSTE & ZENTRUM | Naturparadies Sanibel, Kanutour auf dem Myakka River, Hotels, Restaurants ____ 114

SEITE 62

AMERIKAS KARIBIK

Wie Perlen auf eine Kette gereiht liegen die Keys zwischen Atlantik und Golf von Mexiko. 32 größere und viele hundert kleine Inseln – perfekte Ziele für fantastische Ferien

SEITE 74

FÜR SPÄSSE ZU HABEN

Seekühe haben gern Gesellschaft. In der King's Bay dürfen Menschen mit diesen faulen, aber freundlichen Tieren schwimmen und spielen

SEITE 32

TRAUMSTRÄNDE

Die schönsten Strände Amerikas liegen in Florida. MERIAN-Reporter haben die besten ausgewählt. Eindeutig der Badeort mit dem coolsten Publikum: Miami Beach

SEITE 34

GLÄNZENDE KARRIERE

Vor hundert Jahren war Miami noch ein Fischerdorf inmitten von Orangenhainen. Heute leben 2,5 Millionen Menschen im Großraum, die Hochhäuser am Biscayne Boulevard sind längst internationales Finanzzentrum

ATLANTIKKÜSTE | Promi-Villen, die älteste Stadt Amerikas, Low Budget-Golfen, Gas geben in Daytona Beach ____ 118
PANHANDLE | Austern in Apalachicola, Floridas Hauptstadt Tallahassee, Touren durch den Sumpf von Okefenokee ____ 121
MERIAN-KARTE ____ 123
GESCHICHTE | Die Mission San Luis ____ 126
SERVICE | Anreise, Einreise, Tipps, Literatur ____ 127
IMPRESSUM, BILDNACHWEIS ____ 104

DISNEY WORLD

Reich **gezaubert**

Ob Walt Disneys Maus es irgendwann auch noch schafft, das Weltall zu erobern? In Florida jedenfalls hat König Micky schon ein Zauberschloss im „Magic Kingdom" – seinem Reich der Superlative. * 31 000 Hotelbetten gibt es in Disney World nahe Orlando * 5814 Meter Achterbahn-Gleise durchziehen den Park, die „Expedition Everest" erreicht den höchsten Punkt 60 Meter über der Erde * 2,6 Millionen Micky-Mouse-Eis und * 320 000 Ohren-Paare zum Aufsetzen werden jährlich verkauft * 175 verschiedene Outfits besitzt Micky, vom Smoking bis zum Raumanzug * 200 Kleider hängen in Minnies Schrank * 683 Feuerwerksraketen gehen jeden Abend in die Luft.

RIESENECHSEN

Voll **gefressen**

Vor mehr als 40 Jahren büxten in Florida die ersten Grünen Leguane aus, wer weiß, vielleicht haben die Besitzer der aus Zentralamerika stammenden Riesenechsen sie auch ausgesetzt, weil sie zu gefräßig wurden? Das Klima scheint ihnen zu bekommen, denn mittlerweile haben sich die Tiere in manchen Gegenden so rasant vermehrt, dass ihre Anwesenheit für die Menschen recht anstrengend ist: Die bis zu zwei Meter langen Reptilien fressen sich nämlich mit Vorliebe durch mühsam angelegte Nutz- und Ziergärten. Um der Plage Herr zu werden, bildet der Staat inzwischen Leguanfänger aus. Die bringen die Echsen hinter Gitter – im Zoo bekommen sie Futter von zahlenden Gästen.

FOTOGRAFIE

Schön **gelächelt**

Miami ist ein Hotspot der Modefotografie. Im Licht der Morgenstunden war der Crandon Park Beach von Key Biscayne mit bis zu zehn Teams, Fotografen, Stylisten und Models bisweilen so überfüllt, dass die Zugangsrechte neuerdings beschränkt sind. In Miami hat die Branche mittlerweile eine gut funktionierende Infrastrukur: Produzenten, Casting-Agenten, Büglerinnen und rund 1500 Models leben hier. Und unzählige Schöne warten auf ihre Entdeckung.

1980

1990

1998

Dies ist bereits das vierte MERIAN-Heft über Florida. Die Titelbilder der vorherigen Ausgaben zeigen, was hier vor allem zählt: Wasser, Spaß und Sonne satt

Vorsprung durch Technik www.audi.de
Die Gesetze der Trägheit gelten für jeden.
TFSI® setzt sie für 5,7 Sekunden außer Kraft.
B SD 7159
S heißt Sport.
Der neue Audi S3 mit 195 kW (265 PS) und quattro®
Neue Kraft entsteht. Wenn die Leistung eines 2,0-Liter-TFSI-Motors dank permanentem Allradantrieb quattro konsequent in Beschleunigung umgesetzt wird. So schafft es der neue Audi S3 in nur 5,7 Sekunden von 0 auf 100 km/h. Selbst in Kurven kommt durch die Verbindung von quattro und S Sportfahrwerk kein Trägheitsgefühl auf. Eher ein Gefühl von unbegrenzter Fahrfreude.
Jetzt bei Ihrem Audi Partner.
Kraftstoffverbrauch in l/100 km: innerorts 12,4; außerorts 7,2; kombiniert 9,1; CO_2-Emission in g/km: kombiniert 217.
Audi

BLITZSTATISTIK Stark **geladen**

Nicht nur für Sonne, Meer und Strand ist Florida berühmt, sondern auch für seine Blitze. Mehr als eine Million schlagen hier jedes Jahr ein, so viele wie sonst nirgends in den USA. Ursachen für dieses Phänomen sind das subtropische Klima, die Winde vom Meer und die Temperaturunterschiede zwischen Wasser und Land, die die Entstehung von Gewitterwolken begünstigen. Im Sommer, wenn es heiß und feucht ist, sind diese Bedingungen besonders stark ausgeprägt – manchmal kommt es dann zu 3500 Blitzeinschlägen an nur einem Tag. Statistiken besagen außerdem, dass in Florida jährlich bis zu 40 Menschen vom Blitz getroffen werden, rund zehn von ihnen sterben daran.

UNTERWASSERHOTEL

Tief **gesunken**

Wer in Jules' Undersea Lodge eincheckt, muss damit rechnen, dass Barrakudas und Taucher neugierig durchs Fenster ins Zimmer glotzen. Das Unterwasserhotel liegt vor Key Largo in zehn Meter Tiefe mitten im Korallenriff. Zwei kleine Schlafkabinen, Wohn- und Essbereich, bunte Fischkissen, DVD-Spieler, Klimaanlage und eine Dusche gehören zur Ausstattung der ehemaligen Forschungsstation. Nicht vergessen: Anreise nur mit wasserdichtem Koffer. **www.jul.com**

HAIFORSCHUNG

Selten **gefährlich**

Dr. Robert E. Hueter ist Leiter des Zentrums für Haiforschung am Mote Marine Laboratory in Sarasota

MERIAN: Wie groß ist die Wahrscheinlichkeit, beim Baden in Florida von einem Weißen Hai gefressen zu werden?

Hueter: Sie ist gleich null. Weiße Haie gibt es hier nicht. Allerdings leben rund zwei Dutzend andere Haiarten im Golf von Mexiko.

Kommt es oft zu Angriffen auf Menschen?

Wir zählen jedes Jahr durchschnittlich zwanzig Unfälle mit Haien. Angesichts von Millionen von Badegästen und Surfern ist dieses Risiko äußerst gering. Wir sprechen auch lieber von Bissverletzungen als von Angriffen. Haie betrachten den Menschen normalerweise nicht als Beute, sondern schnappen eher zufällig zu, etwa wenn ein Schwimmer in einen Fischschwarm gerät oder seine Haut im Sonnenlicht wie Fischschuppen schimmert. Solche Bisse sind zwar ernst zu nehmen, aber nur in den seltensten Fällen tödlich.

Sind Sie selbst schon gebissen worden?

Ich bin im Labor von einem Hai gebissen worden. Im Meer, wo ich seit 30 Jahren mit Haien schwimme, habe ich noch keine bedrohliche Situation erlebt. Wir müssen uns darüber im Klaren sein, dass die Haie existieren, und sie respektieren – schließlich ist das Meer ihr Lebensraum.

Gibt es Verhaltensregeln für Schwimmer?

Wir raten, in der Zeit von Mai bis September nicht nachts zu baden, weil die Haie dann jagen. Und man sollte Fischschwärmen ausweichen, die den Haien als Beute dienen. Wichtig ist es auch, möglichst alles zu vermeiden, was sie anlocken könnte. Das heißt: kein Glitzer-Schmuck und keine Badekleidung mit sehr hellen oder kontrastreichen Farben. Und auf keinen Fall mit einer offenen Wunde ins Wasser gehen!

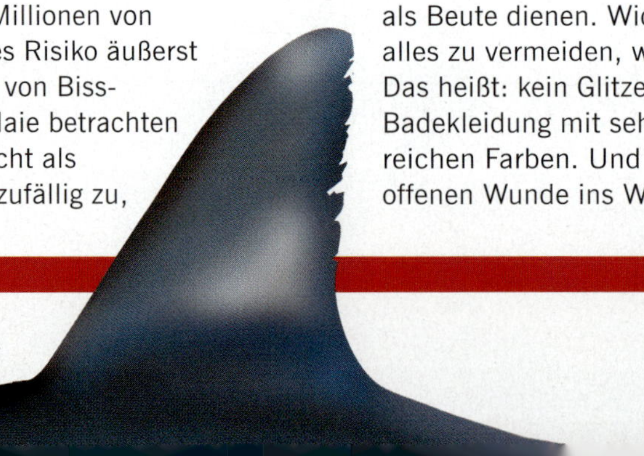

www.picard-lederwaren.de
TO DIE FOR
WEAR EVER
PICARD

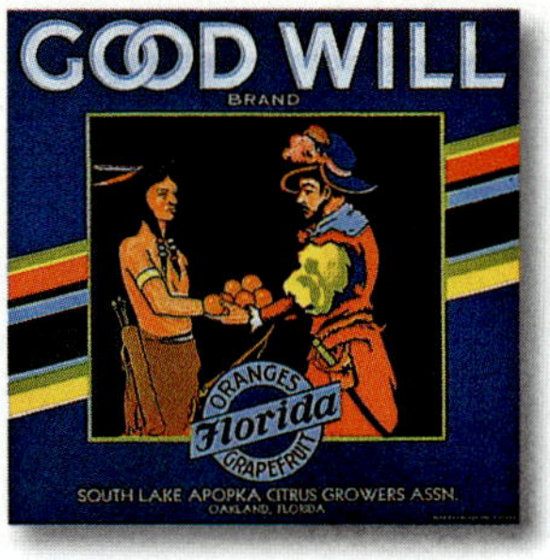

In Florida fließt der Orangensaft in Strömen. Über fünf Milliarden Liter werden jährlich gepresst. Subtropisches Klima und sandiger Boden sind ideale Voraussetzungen für den Anbau von Zitrusfrüchten. Trotzdem sind manche Plantagen mit Heizsystemen ausgestattet – die Orange mag es gern heiß

WAHLMASCHINEN

Falsch **gezählt**

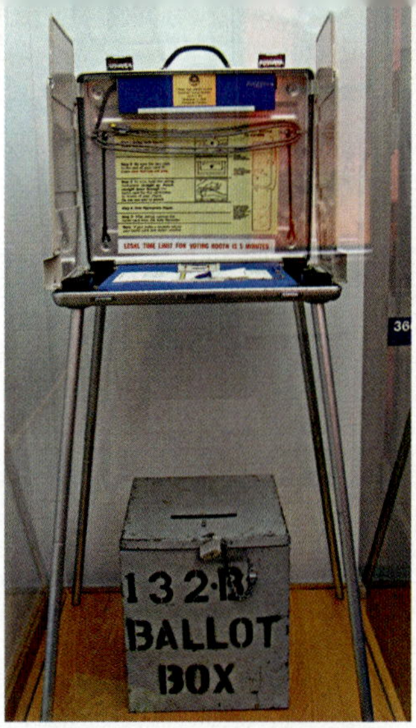

Ein Koffer mit vier Beinen, zwei Sichtschutzwänden und einer Vorrichtung zum Einführen des Wahlzettels – das war der Votomatic. 1972 hatte der Bundesstaat Florida die Wahlmaschinen angeschafft, bei den Präsidentschaftswahlen im Jahr 2000 hatten sie ihren letzten Einsatz. Und der bleibt in unrühmlicher Erinnerung: Die Votomaten hatten die Wahlzettel nicht richtig ausgestanzt, Papierschnipsel waren hängen geblieben. Diese „hanging chads" verhinderten, dass die Zählmaschine die Stimmzettel ordnungsgemäß wertete – sie wurden statt dessen als ungültig gezählt. Tausende Stimmen gingen verloren, der Republikaner George W. Bush gewann Florida mit einem Vorsprung von 537 Stimmen vor dem Demokraten Al Gore. Seither gibt es iVotronics, Wahlcomputer in Laptop-Format. Bleibt abzuwarten, ob sie demokratischer wählen.

FLORIDA IN ZAHLEN

76 000 000	Touristen besuchen den Sunshine State jedes Jahr
4 000 000	Kreuzfahrtpassagiere werden im Laufe eines Jahres in den Häfen abgefertigt
1 000 000	Alligatoren leben in den Wasserläufen und Sumpfgebieten
4500	Inseln, die größer sind als vier Hektar, gehören zum Bundesstaat
1067	Kilometer Strand bietet das Ferienparadies
1000	Zuwanderer kommen täglich nach Florida
100	Kilometer Luftlinie liegen zwischen Miami Beach und den Bahamas
40	Kilogramm Nahrung frisst ein Manati, eine Seekuh, am Tag

SEMINOLEN

Wild **gespielt**

„Die Wilden" oder „die auf der Flucht Befindlichen" bedeutet das aus der Sprache der Creek entlehnte Wort „Seminolen". Die meisten dieser Nachfahren der Ureinwohner Floridas leben in Reservaten. Im Miccosukee Indian Village am Tamiami Trail verkaufen sie traditionelles Kunsthandwerk und veranstalten allerlei Touristenzauber. Beim Spiel in der Alligatorengrube zum Beispiel werden die gefährlichen Tiere getrietzt und gestreichelt. Ihre echten, alten Rituale, wie etwa den „Tanz des grünen Mais", halten die Seminolen streng geheim. Nur in Ausnahmefällen dürfen Fremde dieser einwöchigen Zeremonie beiwohnen.

Gymnastik mit Alligator: In Touristenshows zeigen die Seminolen lieber Kunststückchen statt echter Rituale

TANNING BUTLER

Gut **geschmiert**

„Verzeihung, Madam, darf ich Ihnen den Rücken eincremen?" Wenn Michael Sheehan, 26 Jahre alt, sich mit diesen Worten einer Dame nähert, ist das nicht blöde Anmache, sondern sein Job. Er ist „Tanning Butler" im Ritz Carlton South Beach, einem Hotel, das so exklusiv ist, dass die Gäste sich dort nicht mal mehr selbst mit Sonnenschutz eincremen müssen. Bewaffnet mit Lichtschutzfaktor 15 und 30 wacht Michael über die der Sonne entgegengestreckten Schultern, Rücken und Nasen. Der Service ist gratis und extrem beliebt. Auch bei Männern übrigens, die sich erklären lassen, wie man professionell cremt, um selbst bei ihrer Herzdame Hand anzulegen.

Wo der Sommer nie

Foto: Samuel Zuder

zu Ende geht

Florida

Leicht und gelassen soll das Leben sein im äußersten Süden Amerikas. Ein Traum von Freiheit und ewigen Ferien. Lässt er sich erfüllen? Wenn, dann hier

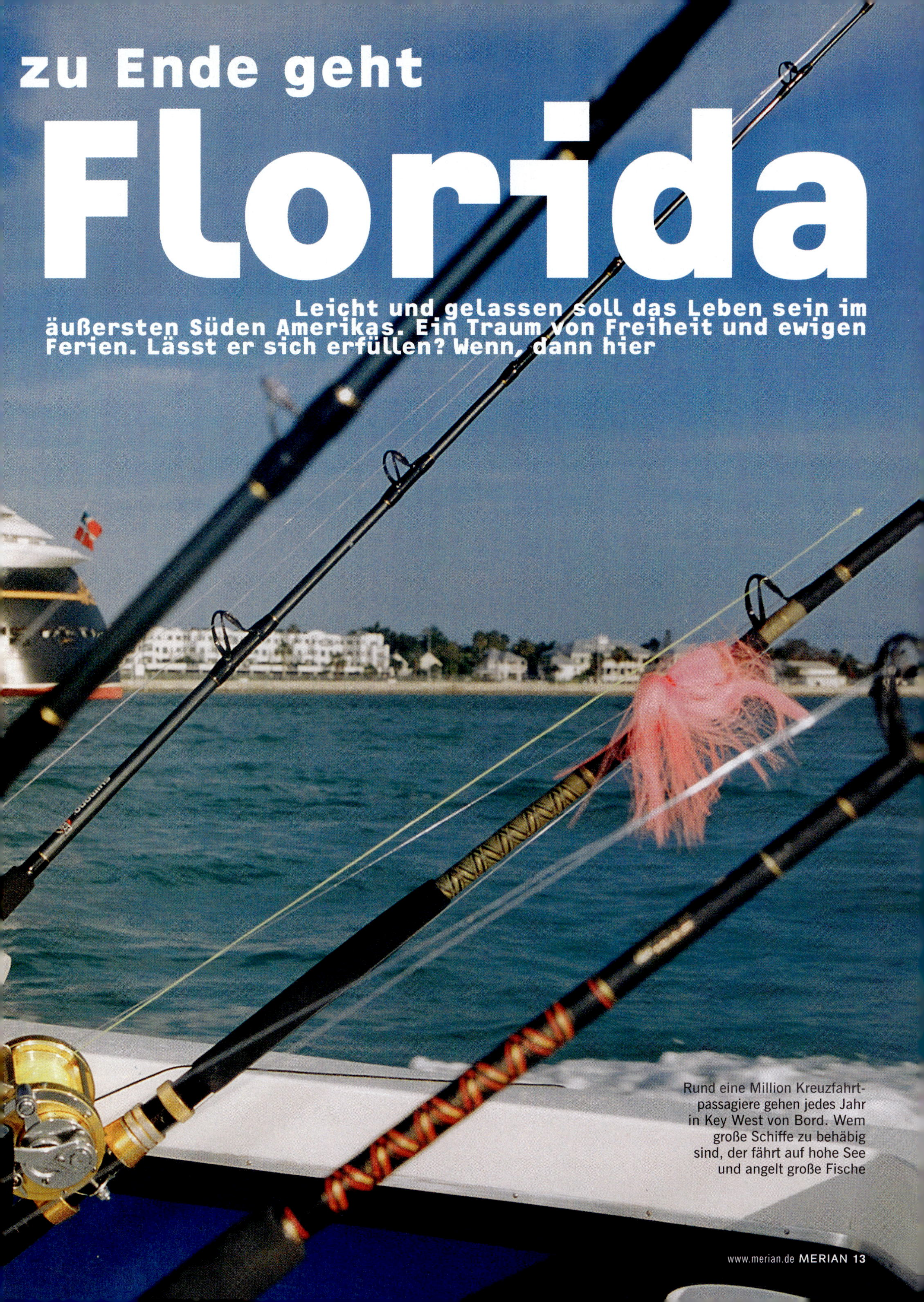

Rund eine Million Kreuzfahrt-passagiere gehen jedes Jahr in Key West von Bord. Wem große Schiffe zu behäbig sind, der fährt auf hohe See und angelt große Fische

Kluge Tiere machen große Sprünge

Foto: Michael Melford

Delfine haben in Florida eine breite Berufspalette, vom Therapeuten bis zum Clown. Hier, im Hawk's Cay Resort, scheinen sie einfach Spaß zu haben. Genau wie die Touristen, die sie beim „Dolphin Encounter" streicheln dürfen

Foto: Gerald Hänel

Goodwood Plantation bei Tallahassee ist heute Museum einer gern verdrängten Zeit: Sklaven schufteten für die reichen Grundbesitzer

Weiße Herrenhäuser zeugen von Luxus

Ob Haus, Hof oder Handtuch: Pastell muss sein. Auch am Pool des Pelican Beach Resorts in Fort Lauderdale, einer der reichsten Städte der USA

Ob Hotel oder Heckflosse: Stil muss sein. Die runden Formen der Art-déco-Gebäude von Miami Beach sind die ideale Kulisse für das zackige Design eines 59er Cadillacs

Chrom und Chlor leuchten voll Übermut

Fotos: Gerald Hänel

Foto: Guido A. Rossi

Koralleninseln liegen wie

Weit westlich der Keys liegt der Archipel der Dry Tortugas, benannt nach den hier brütenden Meeresschildkröten. Heute ist das Gebiet rund um das riesige und nie vollendete Fort Jefferson ein Nationalpark

Schätze im Meer

Hippie John sprüht vor Fantasie. Am Strand von Port St. Joe verkauft er Graffiti. Seine Motive: schrille Sonnenuntergänge und schnelles Geld

Fotos: Gerald Hänel

Menschen brechen auf in andere Welten

„We have lift off": Amerikas legendäre Weltraumexpeditionen kann der Besucher im Kontrollraum des Kennedy Space Centers noch einmal erleben

Der Himmel zeigt abends

Große Oper am Strand: Der Golf von Mexiko ist bekannt für die schönsten Sonnenuntergänge der Welt, zum Beispiel am Estero Boulevard Pier von Fort Myers

Foto: Jörg Modrow

seine beste Show

Schwertfisch und Hai sind die gefräßigsten Räuber im Meer. Hier machen sie Beute für den Souvenirhändler, der mit den Attrappen der großen Brocken Käufer fängt

Fotos: R. Schmid (l.), Gerald Hänel (r.)

Ein stiller Tag steht in seinem Zenit

Florida ist ein Rentnerparadies, aber Mr. Bradley hat sich noch längst nicht zur Ruhe gesetzt. Er wartet auf der Terrasse seines Country Store bei Tallahassee auf Kunden

Scheinbar sanft, dabei mächtig und unergründlich: das Meer bei Islamorada

Der ewige Zauber der Schöpfung

Lorian Hemingway entdeckte Florida als Land, in dem die uralte **SEHNSUCHT NACH HEIMAT** ihre Erfüllung findet. Für MERIAN beschreibt sie eine Reise auf den Spuren ihres Großvaters Ernest

Florida ist zauberhaft. Und damit meine ich nicht den künstlichen Zauber der Freizeitparks, des makellosen Grüns der Golfplätze oder der Luxushotels an den Stränden. Nein, ich denke an einen Zauber aus uralter Zeit. An die Magie, die fortlebt an den Gestaden des Ozeans, in uralten Sagen von guten wie bösen Geistern des Meeres und in Abenteuergeschichten über Seefahrer und Piraten.

Ich habe dieses Flair Floridas zum ersten Mal empfunden, als ich in den späten Sechzigern nach Key West kam. Ich wollte dem Geist meines Großvaters nachspüren auf dieser Insel, die er wegen ihrer sanften Schönheit und der ungeschliffenen Art ihrer Bewohner geliebt hatte.

Ich war von zu Hause abgehauen, in einem verbeulten Ford. Nachts schlief ich auf der Rückbank. Ein paar Meilen vor Key West parkte ich, müde von der langen Fahrt, nachmittags am Straßenrand und legte mich an den schmalen Strand. Das rauschende Meer sang mir ein Schlaflied, das ich nie vergessen werde.

Als ich aufwachte, mich aus dem heißen Sand erhob und mein Gesicht im Wasser erfrischte, hatte die Flut den Ozean bis vor meine Füße gespült. Die Sonne stand eben noch über dem Horizont, das letzte Licht des Tages lag silbern auf dem Wasser. Die Wolken im Westen fingen an zu leuchten. Staunend beobachtete ich, wie sich das blasse Pink über dem Golf von Mexiko in Sekundenschnelle in ein tiefes Rot verfärbte.

Bis zu den Knöcheln im hereinströmenden Wasser stehend, hörte ich dem Meer zu, wie es die knorrigen Wurzeln der Mangroven flutete. Plötzlich spürte ich einen kräftigen Schlag gegen meinen Fuß. Neugierig, was meine Hand berühren würde, bückte ich mich und fischte eine Muschel aus dem Wasser. Ich war überrascht,

wie schwer sie war, musste meine Hand weit öffnen, um sie ganz zu umfassen. Aber sie lag dort wie angeschmiegt, so, als hätte sie nie eine andere Bestimmung gehabt.

Wasser und Korallenstückchen flossen heraus. Für einen Augenblick fiel ein letzter, vom Meer reflektierter Lichtstrahl in die Muschel und leuchtete ihr perlmuttenes Inneres aus. Sie wirkte wie ein neu geschaffenes Wesen, ihre Öffnung war wie eine Locke aus geschmolzenem Glas. Dabei war sie alt, die Stacheln, die normalerweise scharf und spitz sind, waren abgeschliffen und nur noch runde Höckerchen. Später erst habe ich gelesen, dass die Indianer mit diesen Muscheln Wasser schöpften, Hammer, Messer und anderes Werkzeug daraus fertigten und sie als Horn nutzten, um sich gegenseitig zu rufen, um Gefahren anzuzeigen oder Heimkehr, Geburt oder Tod.

Auch die weißen Siedler, die später auf den Keys lebten, benutzten die Muscheln. Sie machten Mörtel daraus, und auch sie verkündeten das Kommen und Gehen des Lebens mit dem Muschelhorn. Bereits an diesem ersten Abend auf Key West, lange bevor ich wusste, wie eine einfache Muschel das Leben in der Wasser-Korallenwildnis erleichtert hatte, schien sie mir voller Möglichkeiten zu stecken.

Als ich an diesem Abend allein am Strand stand, legte ich die Muschel an mein Ohr. Und es war mir, als hörte ich aus der Tiefe der Spirale das Rauschen der Schöpfung, einen ewigen Atem, absolut gleichförmig – egal wie oft ich sie vom Ohr nahm und wieder ansetzte. Ich verbrachte eine Stunde mit meinem neuen Ritual und fühlte mich lebendig, voll Entdeckerfreude.

Längst war die Sonne untergegangen, und ich sah, wie das Platinlicht des Mondes die See heiligte. Es ist ein unheimliches, ein altes Licht, wie man es von den Gemälden spanischer Kriegsschiffe kennt, die, ihre Masten vom Gewicht des Windes in den Segeln geneigt, in die Neue Welt fahren. In ein von Hurrikanen abgebürstetes und von der Sonne versengtes Land, das die Spanier nach dem Datum ihrer Ankunft am Ostersonntag – spanisch *Pascua florida* – des Jahres 1513 Florida nannten, „die Blühende".

Die Sanftheit dieses Namens täuscht über die Brutalität hinweg, mit der die Spanier Floridas Ureinwohner in weniger als 200 Jahren vernichteten. Nirgendwo in den Vereinigten Staaten ist der Einfluss der spanischen Eroberer so deutlich zu spüren wie in Florida. Der Katholizismus hat dort Schneisen in die Kultur geschlagen, lange bevor an den Rest dessen, das einmal Amerika werden sollte, auch nur ein Gedanke verschwendet worden war. Florida, nah am Wendekreis des Krebses gelegen und nur einen Atemzug von Kuba entfernt, ist Millionen gedankliche Meilen weit weg vom Herzland Amerikas.

In Florida ist selbst die Luft anders als dort. Die Hitze lässt sie zittern, Wetterleuchten zuckt am Himmel, wenn die Atmosphäre wärmer ist als das kalte Wasser des Atlantik, des flüssigen Horizonts, der von phosphoreszierenden Algen grün schimmert. Es ist ein malerisches Leuchten, zahm ist es, verglichen mit den Gewitterblitzen, die vom Golf heranziehen. Hoch über dem warmen Wasser türmen sich Quellwolken, elektrische Brüter, deren Intensität man spürt, lange bevor sie heranziehen. Im Schutz der Seven-Mile Bridge habe ich beobachtet, wie Blitze aus einer fernen Wolke hoch in den blauen Himmel schießen, sich einen Weg brennen, der klar ist wie die Bahn eines Meteors.

Es ist der berühmte Blitz aus heiterem Himmel, an den niemand glaubt, bevor er ihn nicht gesehen hat. Er sei, schrieb Darwin, eine wesentliche Komponente der Schöpfung. Das Leben entstand, so Darwin, in einem kleinen, warmen Tümpel mit allen möglichen Ammoniak- und Phosphorsalzen, mit Licht, Wärme und Elektrizität.

Hier in Florida, im Dampfbad des Tropensommers, kann man spüren, dass eine solch spontane Schöpfung möglich ist: Ich habe eine Flasche mit Erde, Meerwasser und Korallenstücken von einem verwachsenen Küstenstreifen vor St. Augustine zwei Jahre in die Sonne gestellt und beobachtet, wie das Leben im Wasser erblühte.

Das Wasser ist das große Unbewusste, der Bewahrer dessen, was wir nicht wissen. Es zieht uns Menschen magisch an, wir drängen uns an den Meeresstränden mit eingeölter blasser Haut und denken nicht darüber nach, warum. Es ist der Drang zu unserem Ursprung. Wir werden in Flüssigem empfangen, in Flüssigem genährt und dann in eine schroffe Welt geboren, in der wir uns nach Wasser sehnen.

Oft fühlen sich die Menschen, die diesen Ursprung suchen, besonders stark von den Küsten Floridas angezogen, ohne dass sie den Grund dafür kennen. Sie wollen zurückkommen. Sie wollen nachts den warmen Salzwind fühlen und das Meer hören. Sie wollen hierher gehören, weil das Unbewusstsein hier verstanden wird und Magie eine Form des Lebens ist. □

Im Schatten der Geister

Es hat lange gedauert, bis Hemingways Enkelin zu sich fand. Ihr dramatisches LEBEN AUF DER ACHTERBAHN ist gezeichnet von Sucht, Gefängnis und der Suche nach Magie

Die Autorin an der Schreibmaschine ihres Großvaters in dessen Haus in Key West

Lorian Hemingway, geboren 1951, hat nicht nur einen berühmten Namen geerbt, sondern auch das offenbar zur Familie gehörende achterbahnartige Leben. Ihren Großvater Ernest, der sich 1961 erschoss, hat Lorian nie getroffen. Doch sie teilt seine tiefe Leidenschaft für das Meer und das Fischen und fängt früh an zu schreiben. Als Journalistin flieht sie den Hemingway-Schatten viele Jahre und veröffentlicht unter Pseudonym. Als Schriftstellerin jedoch verlässt sie 1998 die Deckung und blättert in der Autobiografie „Es war einmal ein Fluss" schonungslos ihr Leben auf: die Mutter eine Trinkerin, der Stiefvater ein wüster Schläger.

Mit 16 Jahren läuft Lorian davon und sucht Kontakt zu ihrem leiblichen Vater, Ernest Hemingways jüngstem Sohn Gregory, der lieber eine Frau gewesen wäre. Mit 17 sitzt sie als Marihuana-Dealerin im Gefängnis. Sie wird vergewaltigt und verfällt dem Alkohol. Ihre Trinksucht kostet Lorian Hemingway fast das Leben, doch seit 1988 ist sie trocken. In Key West gründet sie 1981 den nach ihr benannten Kurzgeschichten-Wettbewerb. Mit dem Schatten ihres Großvaters hat sie sich abgefunden: „Die Leute mögen mich nach Ernest fragen oder nicht. Das ist mir egal." Lorian Hemingway lebt heute in Seattle, hat eine erwachsene Tochter und ist zum dritten Mal verheiratet. In diesem Jahr, 2007, erscheint ihr neues Buch „Key West – The Pirate Heart".

Einer von Lorian Hemingways Lieblingsplätzen in Key West ist der alte Friedhof, mit dem sie eine ganz besondere – magische – Erinnerung verbindet. Exklusiv für MERIAN hat sie diese Geschichte aufgeschrieben.

Santería heißt die kultische Ehe von westafrikanischem Voodo und europäischem Katholizismus, eine Religion, die vor allem in Südflorida und dort vornehmlich von Schwarzen und Kubanern praktiziert wird. Sie berücksichtigt die dunkle Seite menschlicher Existenz, und das passt, wie ich finde, sehr gut zu Floridas unterschwelliger Magie! Mich jedenfalls hat die Santería – im wahrsten Sinne des Wortes – verzaubert.

Es war nicht leicht, mit dem Kult in Kontakt zu kommen, denn niemand spricht mit Fremden über die magischen Bräuche, und wer danach fragt, bekommt mindestens einen eiskalten Blick – wenn nicht sogar die kalte Schulter gezeigt. Aber ich war beharrlich und freundete mich, obwohl sie sich lange dagegen sträubte, mit einer alten Yoruba-Frau in Key West an. Nach einer Weile bettelte ich, sie einmal zum Friedhof begleiten zu dürfen, dann, wenn der Vollmond die Gräber und Gruften in ein bleiches Licht taucht. Sie erlaubte es mir ein einziges Mal und warnte mich: „Kind, wenn du die Geister erzürnst oder verlachst, werden sie sich rächen." Im Nachhinein, jetzt, da sie längst tot ist und mir nicht mehr sagen kann, ob mein Leben anders verlaufen wäre, wenn ich nicht so erpicht darauf gewesen wäre, eine Welt zu betreten, die nicht zu mir gehörte, schaudert es mich, wenn ich an ihre Worte denke.

Um das Vertrauen, das die alte Frau mir schenkte, nicht zu verletzen, verrate ich von den Ereignissen dieser Nacht nur, dass ich sie beobachtet habe, wie sie gekrümmt und alt, mit ihren langen dünnen Fingern, die im Mondschein wie Ebenholz glänzten, vorsichtig ihren Strohkorb leerte. Ich habe zugesehen, wie sie eine Gabe nach der nächsten, feierlich und mit großer Geduld, auf einen flachen Grabstein legte.

Später in ihrem dunklen Holzhaus mit dem schiefen Dach, von dem die Farbe abblätterte, verriet sie mir, dass die Gaben für die Orishas gewesen seien. Für die Yoruba-Geister. Und wenn ich ein kluges Mädchen wäre, sollte ich noch in dieser Nacht im Meer baden – zur Ehre dessen, was ich sehen durfte.

Ich tat es. Ich dachte an die dunkle Schönheit ihres Gesichts, die Weisheit in ihren Augen und ließ meinen Körper vom Salzwasser tragen – von der Kraft der Flut und, ich bin mir sicher, auch von der Kraft der afrikanischen Ahnen der alten Frau, die in Sklavenschiffen an dieser Küste gelandet waren.

STRÄNDE

TOP TEN

Sand und Sonne satt

Die zehn besten Strände Floridas – ausgewählt vom MERIAN-Reporterteam

1

Crescent Beach Siesta Key

Das ist kein Sand, das ist Babypuder! Oder Mehl? Denkt man, und muss eingestehen: Es ist doch Sand. Er besteht zu 99 Prozent aus Quarz und ist, der „World Sand Challenge"-Untersuchung zufolge, der feinste Sand der Welt. Strahlend weiß und so fein, dass man nicht einmal ein Handtuch zum Unterlegen braucht. Dazu türkisgrünes Wasser, gebührenfreies Parken und nette Unterkünfte in Holzvillen, umgeben von großzügigen Gärten.

Beach Road, Siesta Key (F 7)
www.bestbeaches.org/crescentbeach

St. Joseph Peninsula State Park

Wenn man in einer Gegend, in der es tolle Strände gibt wie, nun ja, Sand am Meer, einen Zehn-Meilen-Abstecher zu einem abgeschiedenen Küstenareal macht, dann muss dieser Strand das Fahren schon wert sein. Der St. Joseph Peninsula Beach im Nordosten des Golfs lohnt einen Umweg! Er ist ein weitläufiges, ungetrübtes Idyll. An der Spitze einer kleinen Halbinsel, hinten von Dünen beschützt, vorn sanft in den Golf abfallend, zieht sich ein feiner, breiter weißer Sandstreifen mehr als neun Meilen entlang. St. Joseph Peninsula Beach wurde 2002 als „bester Strand Amerikas" ausgezeichnet, ideal für lange Spaziergänge beim leisen Rauschen der Brandung.

St. Joseph Peninsula State Park
8899 Cape San Blas Road
Port St. Joe (C 3)
www.floridastateparks.org/stjoseph/default.cfm, Eintritt in den Park: 3,20 €

Fort de Soto North Beach

Ein Strand wie „das Mädchen von nebenan, nett, gepflegt und immer für einen da", sagte Amerikas berühmter Strandtester „Dr. Beach", als er ihn 2005 zum besten Strand der Staaten kürte. 50 Kriterien hat Dr. Stephen Leatherman, ein Professor für Küstenforschung, zur Beurteilung der Strände festgelegt. Seit 1991 veröffentlicht er die von seinen Landsleuten mit Neugier erwarteten Top-Strand-Listen – mithilfe von Tausenden von Fotos, Sand- und Wasserproben und gründlicher Recherche. An Fort de Soto liebte er das glasklare, flache Wasser und den Sand „fein wie Elfenbein-Seife".

Fort de Soto Park, 355 Pinellas Bayway South, Tierra Verde (F 6)

Grayton Beach

Ein Stück herrliche Unberührtheit an der touristisch stark erschlossenen Golfküste am Panhandle bietet dieser knapp zwei Meilen lange Strand im gleichnamigen State Park. Grayton Beach, 1994 zum „besten Strand Amerikas" gekürt, ist ungewöhnlich breit, mit pudrigem, fast weißem Sand und klarem blaugrünem Wasser. Erst weit in der Ferne sieht man links und rechts die nächsten Ferienorte liegen. Wer will, kann im Park campen oder eine einfache Hütte mieten. Die Anfahrt zum Wasser (man darf direkt hinter dem Strand parken) führt durch eine reizvoll karge Landschaft mit Brackwassersee, Salzmarschen und niedrigen Dünenketten. Beeindruckend sind die Sonnenuntergänge, die man mit etwas Glück außerhalb der Hochsaison ganz allein erlebt.

Grayton Beach State Park
357 Main Park Rd., Santa Rosa Beach (C 2)
www.floridastateparks.org/graytonbeach/default.cfm
Eintritt in den Park: 3,20 €

Casperson Beach Venice

Wie Sylt, nur wärmer: Auf langen, hochgelegenen Holzstegen überquert man die Dünen zum Strand. Der ist lang und einsam, ein geeigneter Platz für Picknicks. Und was ihn ganz besonders macht: Nirgends sonst findet man so leicht fossile Hai-Zähne im Sand. Die Raubfische bilden zeitlebens neue Gebissreihen, weil sie bei der Jagd oft Zähne verlieren. Biologen nennen das „Revolvergebiss": Ein neuer Beißer

Die Koordinaten (G 5) beziehen sich auf die MERIAN-Karte im Serviceteil auf Seite 123

❶ Am Nordstrand von Fort de Soto bilden sich im flachen Wasser Lagunen, in denen man häufig Rochen beobachten kann ❷ Viele Meter breit und pudriger Sand – Sonne tanken in Grayton Beach ist der Hit! ❸ Stilvolle Rettung: Art-déco-Strandwächterhäuschen im Lummus Park in Miami Beach

liegt bereit, sobald ein alter Zahn ausfällt. Der liegt dann am Meeresgrund, bis ihn die Strömung an den Strand spült. Und diese Strömung ist in Casperson Beach besonders günstig.
Harbor Drive S, Venice (F 7)
www.bestbeaches.org/caspersonbeach

Bowman's Beach **Sanibel**
Einer der besten Strände der Welt zum Muschelnsuchen und -finden! Feiner weißer Sand, flaches, glasklares, blau schimmerndes Wasser mit leichter Brandung, die die Schalentiere an Land schwemmt. Der Strand liegt hinter einer weitläufigen Dünen- und Marschlandschaft, die man über Holzstege quert. Am Parkplatz gibt es Toiletten und Umkleidekabinen. Zur allabendlichen Sonnenuntergangs-Party ist Bowman's Beach besonders beliebt.
Bowman's Beach Road, Sanibel (G 8)

Bahia Honda Beach
Im Bahia Honda State Park zieht sich der weiße Sandspur Beach kilometerweit am Atlantik entlang, das Wasser schimmert hellblau, türkis oder auch mal bräunlich von den Seegraswiesen. Seegras landet auch am Strand, es sieht dann aus wie an der Ostsee. Die auf Fischjagd herabstürzenden Pelikane lassen aber schnell wieder karibische Gefühle an diesem Strand aufkommen, der 1992 den Titel „bester Strand Amerikas" gewann. Das Wasser reicht auch in weiter Entfernung vom Strand nur bis Brusthöhe. Vom zweiten Strand aus, dem Calusa Beach, kann man die alte Bahia-Honda-Brücke mit ihrem aufwändigen Stahlgerüst bewundern, ein Überbleibsel der Flagler-Eisenbahn (s. S. 70), das teilweise begehbar ist.
36850 Overseas Highway (MM 37)
Bahia Honda Key (H 11)
www.bahiahondapark.com

Bill Baggs Cape Florida State Park **Key Biscane**
Bei traumhaften Ausblicken aufs schimmernde Meer vergisst man auf der Fahrt von Miami nach Key Biscane die Großstadt im Nu. Auf den Wiesen des Parks an der Spitze von Key Biscane flattern unzählige Schmetterlinge, die (wie auch 200 Vogelarten) hier wieder heimisch wurden, nachdem man 1992 die Inselspitze mit der ursprünglichen Vegetation bepflanzte. Der durch Dünen recht schmale Strand ist über Holzstege zu erreichen. An einem besonderen Pier darf geangelt werden. Täglich um 10 und 13 Uhr) kann der alte Leuchtturm bestiegen werden – die Mühe lohnt!
1200 S Crandon Boulevard
Key Biscane (J 9/10)
www.FloridaStateParks.org/capeflorida
Eintritt in den Park: 4 €

Caladesi Island
20 Minuten dauert die Überfahrt von Dunedin zum paradiesischen Caladesi Island. Das Inselchen nördlich von Tampa ist als State Park vor touristischem Rummel geschützt. Es gibt einen kleinen Bootshafen, eine Snackbar, Sanitäranlagen, Picknickunterstände und sonst nichts. Vor allem: keine Autos und nur wenige Touristen, denn länger als vier Stunden darf niemand bleiben. Vom Hafen aus führen lange Holzstege durch die Dünen an die Westseite der Insel, wo den Badegast ein feiner, fast drei Meilen langer Strand erwartet, reich an Muscheln und zu Recht Floridas „bester Strand" 2006.
Caladesi Island State Park
1 Causeway Blvd., Dunedin (F 6)
www.floridastateparks.org/caladesiisland/default.cfm, Überfahrt: 7,20 €
Eintritt in den Park: 4 €

Lummus Park **Miami Beach**
Vielleicht nicht der schönste Strand, wenn man nach der Beschaffenheit des Sandes, der Sauberkeit des Wassers und der Besuchermenge urteilt. Aber der coolste Strand Floridas ist er definitiv. Sehen und gesehen werden, flirten, Volleyball spielen und surfen machen den Strand am Ocean Drive laut „Dr. Beach" zum „besten Stadtstrand Amerikas". Kamera nicht vergessen: Die pastellfarbenen Baywatch-Türmchen sind ein tolles Fotomotiv.
1000 Ocean Drive, Miami Beach (g 3)

Bienvenido,

welcome to Miami

Großes Wasser, Maya-Mi, nannten die Indianer den Ort, der vor gut hundert Jahren noch ein Fischerdorf war. Heute leben 2,5 Millionen Menschen in einer Metropole, die alles bietet: Spaß, Kunst, Geld und eine neue Heimat

Fotos: Gerald Hänel

Miami glitzert: Vor der Skyline des Biscayne Boulevard liegen **am Bayside Marketplace teure Yachten am Pier.** In der Fernsehserie „Miami Vice" war dies der Platz von Sonny Crocketts (Don Johnsons) Hausboot. Miamis **New Downtown entstand in den achtziger Jahren** und ist heute internationales Finanzzentrum mit Blick auf den **größten Kreuzfahrthafen der Welt**

Foto: Jörg Modrow

Miami Beach – Flirten und Feiern

Miami tanzt: Nachts, mit den Klängen von Salsa, Reggae und Hip-Hop wird South Beach zur Partyzone, zum **Laufsteg für Stars, Models** und die, die sich dafür halten. Sie tragen so wenig Stoff wie möglich, zeigen ihre perfekt trainierten (und operierten) Körper. **Sehen und gesehen werden ist das Motto** auf Partys, in edlen Clubs und coolen Bars

Miami sonnt sich: Der Atlantik-Strand am Lummus Park ist nichts für einsame Stunden. **Badenixen, Surfer und Sonnenanbeter** genießen die Stimmung an den pastellfarbenen Türmchen der **Rettungsschwimmer**

Miami blendet: Studenten erobern die Strände in den Frühlingsferien, dem **Spring Break**. Eine wochenlange, **exzessive Party** mit verspiegelten Sonnenbrillen, viel nackter Haut und noch mehr **harten Drinks**

Biscayne Bay – Meer und mehr

Miami gönnt sich's: Die Promis leben geschützt vor Touristen und Paparazzi. **Sting, Boris Becker** und viele andere VIPs haben **Häuser auf so genannten Millionärs-Inseln,** einige davon sind nur über private Straßen oder Fähren erreichbar

Miami leuchtet wieder: Das größte Art-déco-Viertel der Welt, mit Sorgfalt renoviert, ist heute schöner denn je. Die **bunten Bauten mit ihren Neon-Schriftzügen,** Bullaugen-Fenstern und tropischen Dekors wären vor 30 Jahren beinahe von Spekulanten abgerissen worden. Zum Glück protestierten die Anwohner und retteten **die Top-Attraktion** von Miami Beach

Ocean

Drive – Glanz und Glamour

Miami badet: Im denkmalgeschützten **Venetian Pool** ist einst Johnny Weissmuller geschwommen. Die verspielte Anlage mit Brücken und Höhlen entstand in einem alten **Korallensteinbruch**

Coral Gables – reich und schön

Miami posiert: Floridas schönstes Wohnhaus ist die **Villa Vizcaya** in Coconut Grove nahe Coral Gables. Mehr als tausend Arbeiter, damals zehn Prozent der Bevölkerung Miamis waren 1912-16 am Bau beteiligt. **Eine Traumkulisse – nicht nur für Bräute**

Miami kopiert: Durch eine Allee von Banyanbäumen lugt der fast **100 Meter hohe Turm des Biltmore Hotels.** Er ist eine Replik der Kathedrale von Sevilla. Im Luxus des Biltmore **residierte Al Capone – und alle Präsidenten Amerikas waren zu Gast seit der Eröffnung 1926**

Wie Kuba – aber

mit Zukunft

Miami wurde zur neuen Heimat für Tausende Exilkubaner. Viele haben dort ihr Glück gemacht. Geblieben ist die **Sehnsucht nach Havanna**

Miami singt spanisch: Ob Disco-Pop von Gloria Estefan, trauriger Tango oder die **Rhythmen des ewig scheppernden Salsa** – die Musik in Nachtclubs wie „Mango's Tropical Café" ist so lateinamerikanisch wie das Publikum

Text: Verena Lugert

An einer Wand hängt ein Plakat: „Elect Marina Patricia Pedrazo for Country Court Judge", ein paar Läden weiter geht flimmernd eine Neonreklame an. „El Gato Tuerto" heißt das Geschäft, der Einäugige Kater, *brujería*, wird feilgeboten, Hexerei. Ein paar Blocks weiter steht ein Bronzerelief der Landkarte Kubas. Zwei Frauen aus Nicaragua sitzen davor, einander untergehakt. Ihre Kleider leuchten orange, türkis und magenta, lodern im Abendrot vor dem tropisch-dramatischen Sonnenuntergang. Aus den Geschäften scheppern die Synkopen des ewigen Salsa. Drinnen liegen Zeitungen mit spanischen Schlagzeilen, Import-Pudding aus Argentinien, Maisstärke und mexikanisches Bier. Im Máximo Gomez Park sitzen alte Männer, manche verdrossen, manche vergnügt, und lassen die Dominosteine klacken. *Hola, ¿qué tal?*, wie geht's?, begrüßen sie sich.

Man spricht spanisch, *se habla español,* **Miami ist eine lateinamerikanische Stadt.** „Contról de Pasaportes" steht schon am Flughafen so prominent da wie „Passport Control". Mehr als 40 Millionen Latinos gibt es in den USA, in Miami, dem Ellis Island der hispanischen Welt, leben mehr als eine Million. Menschen aus Nicaragua, Honduras, Peru, Kolumbien – und eine überwältigende Mehrheit Kubaner, über 600 000 Menschen.

Little Havana heißt das Viertel rund um Miamis 8th Street, die nur Calle Ocho, Achte Straße, genannt wird. Sie ist die Lebensader des Viertels, hier brennt die Eternal Torch in Honor of the 2506th Brigade, die Ewige Ehrenfackel, ein Denkmal, das an die Invasion in der Schweinebucht erinnert. An den 17. April 1961, als amerikanische Exilkubaner mit Hilfe der CIA versuchten, Kuba zurückzuerobern. Ein Versuch, der kläglich scheiterte, aber geopolitische Frontverhärtungen nach sich zog, eine riesige Einwanderungswelle auslöste und der die demografische Struktur Floridas nachhaltig veränderte. Das

Miami verehrt sie: Tito Puente, Selena und Carlos Gardel, die Giganten des Mambo, Mariachi und Tango, überlebensgroß an **Little Havanas Wall of Fame**

Leben von Millionen Kubanern ist bis heute von diesem Tag beeinflusst – und viele glauben, dass das Scheitern der Invasion der Grund für die Ermordung von John F. Kennedy war.

Der demokratische Präsident war Anfang der sechziger Jahre der Mann, den die kubanische US-Community nach Fidel Castro am meisten hasste. Hätte er die zugesagte Unterstützung durch die Luftwaffe nicht in letzter Sekunde widerrufen, wäre die Invasion gelungen, das ist die feste Meinung vieler Kubaner. Statt dessen starben hundert vor und flohen Hunderttausende von der Insel, bis zum heutigen Tag. Auch deshalb wählen die meisten Exilkubaner stramm republikanisch. Und die Regierung Bush unterstützt die Anti-Castro-Propaganda mit viel Geld, zuletzt gab es einen großen Skandal um exilkubanische Journalisten, die auf den Gehaltslisten der Regierung standen. Der Herausgeber des *Miami Herald* musste deshalb zurücktreten.

Diskutiert werden solche Skandale im Café Versailles, wo in plüschigem Ambiente, unter Spiegeln und Kronleuchtern, kubanischer Ajiaco-Eintopf oder Macabi-Fischbällchen auf die Teller kommen. Das Café war und ist Anlaufpunkt aller Kubaner, die es nach ihrer Flucht vor Fidels Kommunismus auf sicheren amerikanischen Boden geschafft hatten. Und jetzt sitzen sie hier, die älteren Herren auf Gehstöcke gestützt, die Damen mit schwarz umrahmten Augen. Sie trinken Kaffee und beginnen die Sätze mit *¿Te recuerdas...?*, Weißt du noch? Dann fängt eine an, mit feuchten Augen kubanische Lieder zu singen und die anderen stimmen ein – jeden Tag dasselbe Spektakel.

„Keiner von ihnen würde zurückkehren, auch wenn er könnte", behauptet Roberto Barreiro Morfi. Er ist 41 Jahre alt, sitzt auf der Terrasse einer Kneipe an der Marina von Miamis schickem Viertel Coconut Grove. Ein Schwarzer im Hawaiihemd spielt „Shake, Señora", frische Austern liegen auf Eis. Auf den dunkelblau-silbernen Wellen schaukeln weiße Yachten, eine davon gehört Roberto. „Das wird alles richtig kompliziert, wenn Fidel Castro tot ist. Totales Chaos – bei den Besitzverhältnissen der Exilanten, bei der Versorgung der sozialismusgewöhnten Kubaner. Da werden zwei Ideologien aufeinander prallen." Roberto weiß, dass der Tod des *Máximo Líder* auf keinen Fall mit einem Schlag alle Probleme lösen wird. Er sehnt sich nach seiner Familie, seinem Strand, seinem Kuba. Doch er erinnert sich, dass er auch dort voller Sehnsucht war: nach Freiheit – und nach Möglichkeiten. Und so stieg er vor 15 Jahren auf sein Surfbrett, hielt das Segel in den Wind und ließ es die nächsten 25 Stunden nicht mehr los. Bis er nach einem Sturm und der längsten Nacht seines Lebens in Amerika war, entkräftet und durchgefroren. Mit nichts als der Badehose am Leib und der Telefonnummer eines Onkels aus Miami, die er in einem leeren Tübchen Sunblocker versteckt hatte, das er um den Hals trug.

Er kam bei Verwandten in New York unter, lernte Englisch, fand einen Job als Surflehrer in Miami und kam zu seinem jetzigen Beruf: Er hat eine Yacht, die er zum Hochseeangeln vermietet. Robert hat es geschafft, Amerika hat es gut mit ihm gemeint – auch wenn er seit 15 Jahren seine Heimat nicht sehen durfte. Und seine Familie vermisst er, sagt er, so sehr, dass es schmerzt.

„Die Sehnsucht nach der Familie war das Schlimmste", sagt auch Ivelín Giró. Sie will ihr Alter nicht nennen –

Mitte dreißig mag sie sein. Im teuren Stadtteil South Beach, in ihrem im Kolonialstil gebauten Haus sitzt sie auf einem Korbsofa, mit ihren langen, geschmeidigen Gliedmaßen schön wie Gemälde. Elegant hält sie den Kopf, ihr Gesicht ist ihr Kapital, so ebenmäßig, so perfekt, mit Augen grünblau wie das Meer. Vor ihrem Anwesen liegt in hundert Metern Entfernung der Strand, dann das Meer. Kuba ist nicht einmal 300 Kilometer entfernt, so nah und doch weiter weg als der Mond.

Eine Hausangestellte bringt kühle Getränke, in der Mitte des Raumes steht ein Flügel, draußen spielen drei bildhübsche Kinder mit mehr als 20 Katzen. Als 18-Jährige verließ Ivelín Kuba, um als Model international bekannt zu werden – nachdem sie in Kuba von Alberto Korda fotografiert worden war. Dem Korda, von dem auch das Foto von Che Guevara stammt, das für viele den Status einer Ikone hat. Korda half ihr aus dem Land, Ivelín machte Karriere in Italien und Paris, war auf den Covern von „Elle“ und „Vogue“. Sie wurde reich und versorgte ihre Verwandtschaft in Havanna. Flog um die Welt und vermisste die Familie.

„Ich zog dann nach Miami, das ist fast so kubanisch wie Kuba. Bloß ohne Diktatur.“ Von dort aus begann sie beharrlich, die Flucht ihrer Familie zu organisieren. Ivelín arbeitet jetzt als Schauspielerin, ihr Gesicht ist wieder auf den Titelseiten, diesmal der Telenovela-Magazine der lateinamerikanischen Welt. Die Eltern leben in der Nachbarschaft, Ivelín konnte sie am Tag ihrer Hochzeit in die Arme schließen. Die kubanische Starschriftstellerin Zoé Valdés, die im französischen Exil lebt, hat Ivelíns Leben zu einem Roman verarbeitet. *Milagro en Miami* heißt er, das Wunder von Miami.

Auf so ein Wunder warten viele in Little Havana. Zum Beispiel Luís. Er ist illegal eingewandert, stammt aus San Pedro Sula, einer bitterarmen Industriestadt in Honduras. Luis ist siebzehn, seit zwei Jahren arbeitet er auf dem Bau. Er will zurück nach San Pedro Sula, denn in seiner Erinnerung verklärt sich die Heimatstadt zu einem mythischen Ort, einem Ort, wo Geld nicht wichtig war und die Menschen freundlich miteinander umgingen. Er lebt in beständiger Angst vor Razzien, denn die sind häufig. Heerscharen von *jornaleros*, Tagelöhnern, pflücken in Florida Orangen, Tomaten und Gurken, bauen Häuser oder reißen sie ein, putzen, waschen und kochen. Ohne die *sin papéles*, die Illegalen, die für Geringstlöhne arbeiten, sagen Experten, würde die Wirtschaft hier zusammenbrechen. Ihr Zustrom ist trotz des Grenzzaunes zwischen Mexiko und den USA ungebrochen, allein seit 2001 sind vier Millionen Illegale ins Land gekommen.

Zum Beispiel Daniel. Er kommt aus Argentinien und wohnt in einem Zimmer nahe der Calle Ocho. Ihn verbittern die rechtlichen Vorteile, die die Kubaner genießen: „Sofort krankenversichert, sofort legale Bürger“, sagt er wütend. Jeder kubanische Flüchtling, der es nach Florida schafft, wird in den USA mit offenen Armen empfangen, damit demonstrieren die Vereingten Staaten ihre antikommunistische Haltung. Einwanderer wie Daniel oder Luis müssen dagegen jeden Tag damit rechnen, entdeckt und abgeschoben zu werden.

In den Seitenstraßen um die Calle Ocho sieht man in stillen Einfahrten der pastellfarbenen, hinfälligen Häuser Katzen dösen. In manchen Gärten stehen Autowracks. Die Häuser wirken müde – vom Klima und den Menschen, die ein- und ausgezogen sind in all den Jahren und denen Miami das Versprechen von Zukunft gab.

In Little Havana wohnen kaum mehr Kubaner, sie sind in die teureren Stadtteile gezogen. Haben ihr Glück gemacht, ihren Reichtum gemehrt, sich wie Roberto und Ivélin nach einem besseren Platz in der Gesellschaft gereckt, gestreckt und ihn bekommen. Haben Little Havana frei gemacht für die Neuankömmlinge aus Nicaragua, Honduras und Kolumbien.

Trotzdem heißt der Kaffee, der hier überall serviert wird, *café cubano*, klein, schwarz, zuckersüß. Und so stark, dass man sich ans Herz fasst. In der Kühlvitrine der Karmen Bakery an der Calle Ocho drehen sich Torten, kreisrunde Cholesterinmonstrositäten wie von Jeff Koons entworfen, bedeckt von kobaltblauer, grüner oder roséfarbener Sahne, geschmückt mit Zuckerrosenbuketts und Goldperlen. Darauf Plastikbrautpaare, bis zu den Knien versunken im Eischnee. Am Tresen sitzen schnurrbärtige Männer aus Kolumbien. Ein Fernseher plärrt im Hintergrund, die Kaffeemaschine faucht.

Ein paar Meilen westlich liegt der Nobelstadtteil Coral Gables. Auf der Miracle Mile, der Einkaufstraße für Betuchte, betreten zwei Mädchen von kaum 14 Jahren ein Starbucks-Café, ihre mageren Körperchen gehüllt in einen Mix aus Jogging-Kluft und Couture. Sie reden kubanisches Stakkato, bestellen *low-fat-decaf-sugarfree-Frappuccino* und legen ihre Einkaufstüten von Chanel und Bulgari achtlos auf den Tisch.

In Coral Gables wohnt der kubanische Geldadel, die Straßen sind gepflegt, Fontänen plätschern und die Grünanlagen der Villen gehen direkt in die Greens der Golfplätze über. Wer hier lebt, ist stolz auf die *cubanidad*. Und gleichzeitig bester amerikanischer Patriot, längst mischen Kubaner nicht nur in der Hochfinanz mit – auch in Politik und Bildungswesen stehen in Miami einige von ihnen an der Spitze.

Es gibt noch bessere Adressen als Coral Gables: ein Anwesen auf Star Island, einer der Millionärsinseln. Dort wohnt Gloria Estefan, Weltstar und Sängerin, die sich weigert, in ihrem Heimatland Kuba aufzutreten, solange Fidel noch am Leben ist. Er hat ihr Leben geprägt, den mühsamen Weg von Havanna über Little Havana nach Star Island.

Zurück an die Calle Ocho: Auch wer hier längst nicht mehr lebt, ist heute Abend zurück gekommen, ins Tower Theatre, das alte Kino von Little Havana. Ältere Herrschaften, geschminkt und parfümiert, mit hohen Frisuren und Goldschmuck tauschen Wangenküsse. Die Herren tragen Anzug, man trinkt süßen Sekt, in der Hand eine *croqueta*, eine Hähnchenkrokette. Auf dem Programm steht eine dramatische Dokumentation über Flüchtlingsschicksale in Miami. Die Menschen werden weinen an diesem Abend. □

Verena Lugert, *Autorin aus Hamburg, hat in Spanien studiert und ist viel in Mexiko, Honduras, Belize und Guatemala gereist. Während ihrer Recherchen in Miami hat sie sich manchmal gefragt, in welchem Land sie ist.*

Miami staunt: Moderne Kunst für Millionen von Dollar wird an vier Messetagen verkauft

Heilige Messe

Das wichtigste Kunst-Event Amerikas ist die Art Basel Miami Beach: ein perfekter Mix aus Kultur, Kommerz und Partytime

Text: Ulrike Knöfel

Es ist ein mehrtägiger Rausch, ausgelöst durch den Erwerb von schillernder Gegenwartskunst, von Wandbildern im Luftmatratzen-Look oder metallicfarbenen Riesenpilzen. Die Süchtigen, viele mit Platin-Kreditkarten im Gepäck und einem Lächeln im Gesicht, reisen aus Buenos Aires, Rio, New York, Paris, Berlin, Moskau und dem Rest der Welt an. Es ist die Kunstmesse „Art Basel Miami Beach", die sie, in diesem Jahr in ihrer fünften Auflage, auf keinen Fall verpassen wollen.

Miami zur Messezeit, Anfang Dezember, Europa friert. Doch hier sind die Tage sonnig, die Nächte tropisch lau und wegen der vielen Partys ganz schön lang. Kurz vor Weihnachten und in dieser Umgebung, sitzt das Vermögen besonders locker. Der Kauf von Gegenwartskunst ist seit ein paar Jahren das neue Hobby der Superreichen. Und Miami facht diese Leidenschaft mit der Popversion einer Kunstmesse an. Doch was heißt Pop, was Messe? Die Organisatoren sagen, es sei der „neue Typus eines kulturellen Ereignisses" und der „begehrteste Wintertreffpunkt der Kunstwelt".

In Miami ist es zum Glück kein Problem, eine Landegenehmigung zu erhalten, wenn man partout mit dem Privatjet einfliegen will. Und das wollen sehr viele. Während der Messedauer müssen sie wegen des Andrangs womöglich etwas länger in der Warteschleife ausharren. Deshalb entscheidet sich, wer kann, für die Anreise auf der Yacht .

Ausgewählte Gäste dürfen schon einen Tag vor der Eröffnung einen Blick auf das Sortiment werfen – und auch kaufen. Es sind die Leute, denen die Organisatoren eine Plastikkarte mit VIP-Vermerk zugeschickt haben, Menschen, die gehobenen Glamour in die Stadt bringen. Sie entwickeln einen von Begeisterungsschreien begleiteten Jagdinstinkt, sobald sie den Eingang zu den bunt gefüllten Messehallen im Convention Center passiert haben. Und sie sind bereit, hohe Preise zu bezahlen für Kunst, die oft erst ein paar Jahre oder sogar erst Wochen alt ist. Es geht um zehntausende, hunderttausende, um Millionen von Dollar. Die ganz Cleveren gehen das Risiko, ihnen könnte jemand die 1,7 Millionen Pfund teure, eher brave Installation des Ex-Skandal-Künstlers Damien Hirst oder das orangebunte 75000-Euro-Bild des deutschen Jonathan Meese vor der Nase wegschnappen, gar nicht erst ein. Sie haben schon vorher ein paar Kunstwerke reservieren lassen, ohne sie gesehen zu haben.

Deshalb sind die Kojen einiger Galeristen binnen weniger Stunden ausverkauft. Das mag überdreht und typisch amerikanisch klingen. Doch die Messe, die 2002 erstmals veranstaltet wurde, ist ein Ableger der Schweizer Traditions-Schau Art Basel, also eine europäische Erfindung. Fußbodenbelag und Wandfarbe für die Messestände werden eigens aus dem Alpenland importiert.

Die Basler wollen den kaufkräftigen Sammlern aus Nord- und gerade auch aus Südamerika geografisch entgegenkommen. Europäer scheuen den

GROSSE KOALITION. DOSEN-PFAND. GAMMELFLEISCH.

Kann man Euch nicht mal 10 Jahre allein lassen?

TEMPO ist zurück.
Nur einmal. Nur jetzt. Nur am Kiosk.

Weg allerdings auch nicht. Und die Galeristen zieht es sowieso aus aller Welt hierher, sie sind froh, wenn ihre Bewerbung um einen der teuren Standplätze erhört wird. Zugelassen werden etwa 200 Händler – darunter der Brite Jay Jopling („White Cube") oder der Schweizer Iwan Wirth („Hauser & Wirth"), dem in Miami das „unverkrampfte Verhältnis von Geld und Geist" gefällt.

Art Basel steht für Qualität, Miami Beach für lockere Atmosphäre. Die Addition dieser Verheißungen zur „Art Basel Miami Beach" hat sich als Zauberformel erwiesen. Aus dem Stand entwickelte sich die Messe zum wichtigsten Kunstshopping-Termin auf dem amerikanischen Kontinent.

Sie ist aber auch – oder vor allem – ein gesellschaftliches Großereignis. Die Betreiber und Sponsoren wissen, wie sie die vergnügungssüchtige Klientel am besten in Kauflaune versetzen: mit schicken Dinners und mondänen Partys, die auf Yachten oder in 5-Sterne-Hotels und dort bevorzugt am Pool stattfinden. Es gibt Welcome-Partys am Anfang, Goodbye-Partys am Schluss und jede Menge Events zwischendrin. Auf Einladungskarten werden „cool drinks" und „hot music" angekündigt, die Gästelisten versprechen die richtige Mischung von kaufkräftigen Sammlern, wichtigen Museumsdirektoren, exzentrischen Künstlern, renommierten Galeristen und ein paar hübschen Models.

Hier kommt und feiert zusammen, was sich zusammengehörig fühlt: amerikanischer Geld- und europäischer Hochadel, Hedgefonds-Könige von der Wall Street und Filmpäpste aus Hollywood; Rockefeller und Thurn und Taxis treffen Coppola und Pollock.

Francesca von Habsburg, Jetset-Promi und spät berufene Kunstmäzenin, lädt zu Cocktail- und Dinner-Empfängen (oder, etwas exklusiver, auch mal zu einem Abstecher nach Jamaica). Das Meer rauscht, die Palmen wiegen sich, junge Kellner gießen Champagner nach. Und wenn der deutsche Kunstbuchverleger Benedikt Taschen spätnachts auf seiner Feier im hell beleuchteten Pool landet und sich den schneeweißen Anzug ruiniert, dann ist das kein Unfall, sondern eine gut geplante Showeinlage. Als Highlight des Abends posierte zuvor eine nackte Blondine, die früher mal ein Mann war, in einem schwimmenden Plexiglashaus. Der Gesprächstoff geht nie aus: Wer hat was gekauft und zu welchem Preis? Welcher Künstler hat welches Potenzial – wird der Wert seiner Werke fallen oder steigen?

Insbesondere Kunst aus Germany ist sehr begehrt, eine Sammlerin aus New York – in der einen Hand das Designertäschchen, in der anderen das Cocktailglas – redet auf Martin Eder ein, es ist nicht so leicht, an die Bilder des jungen deutschen Malers zu kommen, die Wartelisten sind lang. Und sie sei doch so vernarrt in seine bunten Gemälde, die seien alle „great"!

In Miami, wo selbst ganz frische Ware exorbitant hohe Preise erzielt, wird offenbar, wie die Gesellschaftselite des 21. Jahrhunderts sich selbst am liebsten sieht: aufgeschlossen für Neues, lebenslustig, und im Grunde noch nicht mal besonders verschwenderisch. Denn man verspricht sich einen gehörigen Wertzuwachs von den Investitionen in die Kunst.

Kritiker könnten monieren, dass letztere bloß ein gediegener Deckmantel für das Party-Hopping ist. Doch Miami hat den Kunstmarkt aufgeputscht; von der Popularisierung der Gegenwartskunst und von steigenden Preisen profitieren viele – weltweit.

Auch der Stadt Miami beschert die Messe viele Vorteile. Man sieht hier lieber Leute, die mit Kunst handeln, als solche, die mit Drogen dealen. Und es entwickelt sich eine selbstbewusste Kunstszene: Galerien eröffnen und viele der hier lebenden Sammler haben Gefallen daran gefunden, zu zeigen, was sie besitzen.

Familien wie die Rubells und Margulies oder die Sammlerin Rosa de la Cruz haben ihre Kollektionen in museums- oder lagerhallenähnlichen Räumen untergebracht und dort öffentlich zugänglich gemacht. Die Überfüllung an den Messetagen nimmt man gerne in Kauf. Unter den Gästen sind erstaunlich viele Direktoren und Kuratoren der bekanntesten Museen der Welt. Es gilt die Faustregel: je bekannter eine Kollektion, desto höher ihr Wert.

Ein Ende des Booms ist nicht in Sicht. Und falls doch, wird die Art Basel Miami Beach es überleben. Für die Kunstwelt ist sie schon längst eine heilige Messe: ein Mythos, ein mehrtägiges Happening, ein eigenes Kunstwerk sozusagen. □

Miami stylt sich: An exklusiven Locations wie der Moore-Gallery wird gefeiert

Ulrike Knöfel, *Expertin für moderne Kunst, ist Redakteurin beim Magazin* Der Spiegel. *In Miami verblüffte sie, wie unkompliziert die Kunst als Klammer für Geschäft und Geselligkeit dient.*

Eine Energie von eineinhalb Billionen Watt, Durchmesser von mehreren hundert Kilometern und Windgeschwindigkeiten von bis zu 330 Stundenkilometern: Hurrikane sind die gewaltigsten Monster, die die Erdatmosphäre zu bieten hat

DEN STURM IM AUGE

Niemand kann sie aufhalten, nichts widersteht ihrer Gewalt. Aber die Menschen, die mit den Hurrikanen leben müssen, lernen ihren Feind immer besser kennen – um rechtzeitig vor ihm zu fliehen

Text: Verena Lugert

Huracan, böser Geist, so nannten ihn die Indianer. Tosender Zerstörer aus Luft und Kraft, geboren aus dem Meer, genährt von Hitze, zum Tod bringenden Wirbel angeschoben von der Erdrotation – Hurrikan. Während der Saison, von Juni bis November, schlüpft alle paar Tage ein neuer Sturm, ausgebrütet in den warmen Gewässern des Atlantiks westlich von Afrika. Dann ist es heiß genug, das Meer wie eine gigantische Badewanne auf 26,5 Grad oder mehr erhitzt. Große Wassermengen verdunsten, steigen in den Himmel, kondensieren zu Wolkentürmen, die 18 Kilometer hoch sein können. Durch die aufsteigende Luft entsteht über der warmen Meeresoberfläche ein Unterdruck, der Sturm saugt gierig neuen Wasserdampf nach. Die Erdrotation versetzt die Wolkensäule in eine Drehung gegen den Uhrzeigersinn, das Gebilde aus Luft wird zum Wirbelsturm, rotiert schneller, nimmt andere Wolken mit, wird größer, gefräßiger und bewegt sich nach Westen, Richtung Karibik und Kuba, Richtung Florida. Hunderte Kilometer Durchmesser kann ein Hurrikan haben und eine durch nichts zu bändigende Kraft. Mit bis zu 330 Stundenkilometern Windstärke und im Schnitt eineinhalb Billionen Watt tobt er übers Meer – das entspricht der Hälfte der elektrischen Energie, die weltweit erzeugt werden kann.

Aufhalten können sich diese Monster nur selbst, wenn ihre Rotation aus dem Takt gerät und so genannte Scherwinde ihre Kraft neutralisieren. Oder durch Treibstoffmangel – ohne Nachschub von warmem Wasserdampf lösen sich die apokalyptischen Gebilde in Luft auf. Das geschieht, wenn sie auf kaltes Wasser stoßen – oder auf Land. „Landfall“ nennen es die Meteorologen wenn ein Hurrikan auf Land trifft. Für den Sturm ein Todesurteil – und oft für viele Menschen. Hurrikane sind die Verursacher der schwersten Naturkatastrophen in den USA – ein für alle Mal hat sich „Katrina“ 2005 in die kollektive Erinnerung getobt. Sie zerstörte 350 000 Häuser, verursachte 120 Milliarden Dollar Schaden – und tötete mehr als 1800 Menschen. Doch entsetzliche Hurrikane gab es immer wieder, anno 1900 starben in Texas 6000 Menschen, 1928 ertranken in Florida mindestens 2000, als ein Wirbelsturm den Okeechobee-See zum Überlaufen brachte, 1935 wurden die Keys verwüstet, 400 Menschen kamen ums Leben, die Eisenbahnlinie nach Key West zerknickte, als sei sie aus Streichhölzern. Und 1992 richtete „Andrew“ in Südflorida in einer Nacht 26,5 Milliarden Dollar Schaden an und tötete 26 Menschen.

„Papa, warum rast dein Herz so schnell?“, fragte Professor Grabers Sohn in dieser Nacht. Hans Christian Graber ist Sturmexperte, Professor für Satelliten-Ozeanographie an der University of Miami. Er hatte damals versucht, seine Angst zu verbergen, wollte nicht, dass seine Familie in Panik gerät. „Vier Stunden lang hat es sich angehört, als donnere ein Güterzug durch unser Haus“, erzählt Graber. Danach war es komplett zerstört, ein Jahr lang bewohnte die Familie eine Ersatzwohnung.

Graber ist der Co-Direktor von CSTARS, Center for Southeastern Tropical Advanced Remote Sensing, dem Klimaforschungsinstitut

„Es hat mich gepackt und geschüttelt.“ Wer einen Hurrikan erlebt hat, ist nie wieder derselbe Mensch

Boote zerdrückt, Häuser zerlegt. „Andrew“ richtete 1992 Rekordschäden an und hinterließ 250 000 obdachlose Menschen

Auf dem Weg in die Hölle: Ein P-3-Forschungsflugzeug nähert sich der wirbelnden Wolkenmauer

Helden bei der Arbeit: Hurricane Hunters durchbrechen den Sturm und werfen im ruhigen Auge Sonden ab

der Universität von Miami. Im Süden der Stadt liegt die Anlage von CSTARS, dort kundschaftet Graber die Stürme via Weltall aus. NASA, ESA, französische und kanadische Satelliten liefern Bilder von den Stürmen, vom kleinen Wirbel bis zum großen Killer, Graber betrachtet ihre Geburten über warmen und ihre Tode über kalten Gewässern. Antennenschüsseln von 11,3 Metern Durchmesser empfangen die Daten, die Antennen sind von haushohen Hüllen überwölbt, die wie überdimensionierte Golfbälle aussehen. Es sind hohle Kugeln aus windresistentem Kevlar, stark genug, Hurrikanen zu trotzen. Graber hat den Atlantik vom Äquator bis Südkanada im Blick.

Seine Beziehung zu den Stürmen ist von Demut geprägt. „Es ist ein Reiz, sie zu beobachten. Wenn aber ein Sturm kommt, hat man Angst. Oder zumindest Respekt vor der Wucht und der Kraft der Natur." Erst ein Jahr nach „Andrew" hat sich bei Graber der Schock bemerkbar gemacht: „Als wir das neue Haus bezogen, hat es mich gepackt und geschüttelt." Es heißt, wer einen Hurrikan erlebt hat, ist danach nicht mehr derselbe Mensch. Die Todesangst, das Ausgeliefertsein an die archaische Gewalt, der Verlust geliebter Menschen und die Zerstörung von Heim und Eigentum traumatisieren nachhaltig.

„Strong wind blows away / Everything that I am / Where do I go now" – „Ein starker Wind bläst alles fort, was ich bin, wohin gehe ich jetzt", heißt es in der Versdichtung eines Opfers von Hurrikan „Katrina". Strong wind blows away everything I am – für viele Mittelschicht-Amerikaner ist das eigene Haus alles, was sie haben – Obdach und Rentenversicherung, abbezahlt ein ganzes Arbeitsleben lang. Und für viele nicht absicherbar – seit „Andrew" sind die Versicherungsbeiträge in die Höhe geschnellt, zwischen 5000 und 10 000 Dollar im Jahr kostet eine Police und die Gewissheit, dass ein Hurrikan nicht mittellos macht. 5000 bis 10 000 Dollar, die nur wenige Hausbesitzer haben, weil sie es, oft mit zwei Jobs, gerade mühsam schaffen, den Hauskredit abzubezahlen. Das Thema Hurrikanversicherung ist ein politisches. In Florida kann es Wahlen entscheiden.

Über Leben und Tod entscheiden kann die Hurrikanvorhersage. Verantwortlich dafür sind die Wissenschaftler des National Hurricane Center, kurz NHC. Dort, im Westen Miamis laufen die Informationen zusammen, treffen Daten aus den verschiedenen Vorposten, Satellitenstationen, Forschungsstätten und Labors ein. Es ist eine Festung, ein hurrikansicheres Bollwerk aus Beton. Mit drei Dieselgeneratoren, falls der Strom ausfällt. Die Wände sind dick und die Fenster spezialverglast. Neonlicht beleuchtet unzählige Monitore, über die in ruckartigen Bewegungen bunte Kleckse ziehen: Wirbelstürme, anschwellende Hurrikane. Bei Gefahr verwandelt sich der Raum in ein Fernsehstudio – hier tritt Max Mayfield, Direktor des NHC, vor die Kamera, wenn er Florida warnt. In einer Ecke hängt das Sternenbanner, an der Wand eine große Landkarte mit den Umrissen von Westafrika, der Karibik, Nordamerika, Mexiko und Venezuela. 24 Stunden täglich, an 365 Tagen im Jahr arbeiten hier 40 Wissenschaftler, bei akuten Hurrikanwarnungen deutlich mehr.

Zwölf Uhr mittags, Anruf in Washington, dem Sitz der Dachorganisation des NHC. Lage-Besprechung, wie jeden Tag. Es ist ruhig heute, „Florence" hat sich über kaltem Wasser selbst beerdigt, und ob aus der sich neu entwickelnden tropischen Depression ein Hurrikan wird, muss man noch abwarten. Wenn, dann wird er „Gordon" heißen. Früher trugen alle Hurrikane weibliche Namen, doch 1979 haben amerikanische Feministinnen durchgesetzt, dass jeder zweite Sturm männlich ist. Jedes Jahr werden 21 Namen ausgewählt – spanische, französische und englische. Sterben bei einem Hurrikan Menschen, wird der Name des Todessturms nie mehr verwendet. Nie wieder wird es eine „Katrina" geben, nie wieder einen „Andrew".

Die Meteorologen starren auf die Bildschirme, beraten sich, telefonieren, füttern die Computer mit Daten von Position, Wassertemperatur, Windgeschwindigkeit und Luftdruck und errechnen daraus Vorhersagen. Die Daten stammen von Schiffen und Bojen, sie kommen aus dem Weltraum und aus dem Inneren des Sturms, dem Auge des Hurrikans. „Hurricane Hunters" heißen die Piloten, die ins Innere des Monstrums fliegen. Ihre Flugzeuge sind mit Dopplerradar ausgestattet, mit denen sie Stürme orten, das windstille Auge ausmachen. Sie durchbrechen die Hurrikan-

WIE SICH DIE

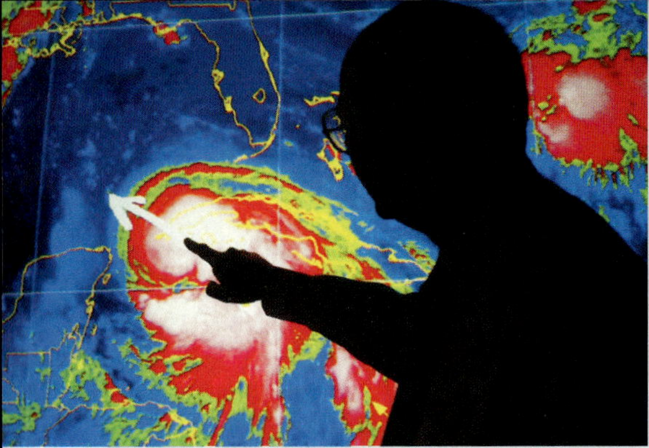

Max Mayfield, der Direktor des National Hurricane Center, verfolgt „Isidore“, der 2002 über West-Kuba in den Golf von Mexiko zieht. Für Florida war dieser Sturm keine Gefahr

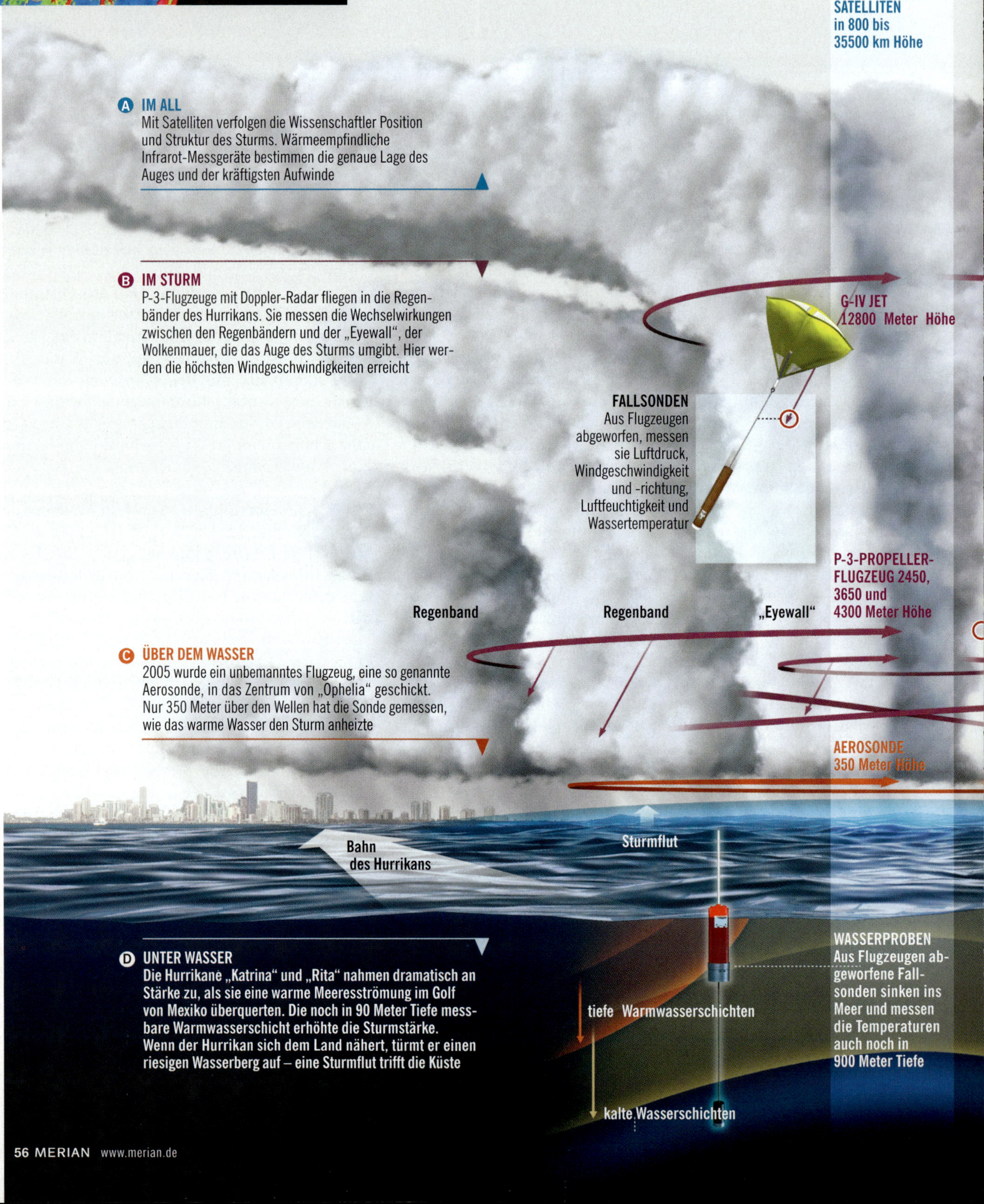

A IM ALL
Mit Satelliten verfolgen die Wissenschaftler Position und Struktur des Sturms. Wärmeempfindliche Infrarot-Messgeräte bestimmen die genaue Lage des Auges und der kräftigsten Aufwinde

B IM STURM
P-3-Flugzeuge mit Doppler-Radar fliegen in die Regenbänder des Hurrikans. Sie messen die Wechselwirkungen zwischen den Regenbändern und der „Eyewall“, der Wolkenmauer, die das Auge des Sturms umgibt. Hier werden die höchsten Windgeschwindigkeiten erreicht

C ÜBER DEM WASSER
2005 wurde ein unbemanntes Flugzeug, eine so genannte Aerosonde, in das Zentrum von „Ophelia“ geschickt. Nur 350 Meter über den Wellen hat die Sonde gemessen, wie das warme Wasser den Sturm anheizte

D UNTER WASSER
Die Hurrikane „Katrina“ und „Rita“ nahmen dramatisch an Stärke zu, als sie eine warme Meeresströmung im Golf von Mexiko überquerten. Die noch in 90 Meter Tiefe messbare Warmwasserschicht erhöhte die Sturmstärke. Wenn der Hurrikan sich dem Land nähert, türmt er einen riesigen Wasserberg auf – eine Sturmflut trifft die Küste

KATASTROPHE ENTWICKELT

Einen Hurrican kann man nur voraussagen und analysieren, lenken oder gar abwehren kann man ihn auch mit allen wissenschaflichen Mitteln nie

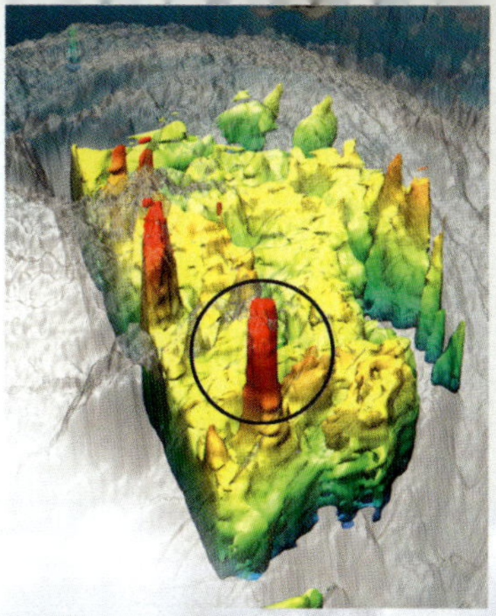

National Geographic

A VORBOTEN DER GEWALT
Die Infrarot-Messungen von Satelliten zeigen zwei riesige Wolkentürme im Hurrikan „Rita", die „Hot Towers" genannt werden. Sie können mehr als 17 Kilometer hoch werden und kündigen vermutlich an, dass ein Sturm noch an Kraft zulegen wird. Erstmals wurden solche „heißen Türme" 1998 beobachtet

G-IV JET
Das Kleinflugzeug fliegt in großer Höhe über und rund um sich entwickelnde Hurrikane. In Zukunft werden diese Jets ebenfalls mit Doppler-Radar ausgestattet sein

B IM HURRIKAN „RITA" wurde ein Phänomen beobachtet, das man „Eyewall"-Austausch nennt. Man sieht, wie sich rund um das Auge des Sturms (1) eine zweite Wolkenmauer bildet (2). Die innere „Eyewall" kollabiert – der Hurrikan wird vorübergehend geschwächt (3). Danach aber zieht sich die äußere „Eyewall" zusammen und der Sturm gewinnt neue Stärke (4)

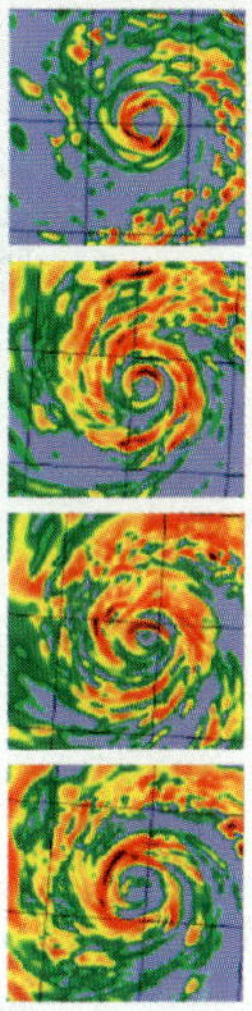

P-3 HURRICANE HUNTERS
Der Hurrikan-Jäger. Ausgestattet mit Doppler-Radar gelingen Aufnahmen mit viermal höherer Auflösung als mit gewöhnlichem Radar. Die ersten dieser Forschungsjets flogen schon 1943 in tropische Wirbelstürme

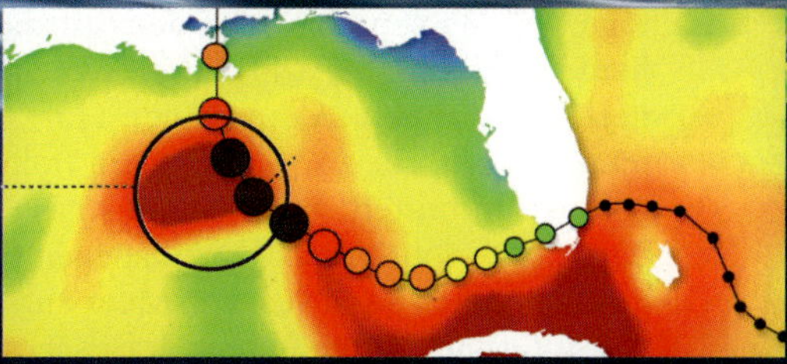

C AEROSONDE
Mit drei Metern Spannweite und nur 13 Kilo Gewicht kann die Sonde auch von einem Kleinlastwagen starten. Dennoch werden die Miniflugzeuge 125 Stundenkilometer schnell. Zweimal pro Sekunde werden die gesammelten Daten an die Zentrale übermittelt

D „KATRINAS" WEG über Südflorida nach New Orleans: Das Bild zeigt die Warmwasserströmung im Golf von Mexiko und wie der Hurrikan darüber seine größte Kraft entwickelte, drei Tage bevor er die Küste erreichte

Starker Wind bläst alles fort, was sie haben

Haus verloren, Leben gerettet: Einwohner von Key West fliehen 1998 vor „Georges“

wand und werfen Fallsonden ab, die alle wichtigen Daten im Sturm messen und direkt an das NHC senden – es ist wie die Endoskopie eines Sturmes. Hurricane Hunters sind Helden in Florida, die risikoreichen und teuren Flüge erhöhen die Präzision der Vorhersagen um 25 Prozent. Und die Prognosen sind sehr genau geworden in den vergangenen Jahren – Tage vorher weiß man, wenn ein Sturm kommt. Das Gebiet, auf das er niedergehen wird, kann auf bis zu hundert Meilen genau bestimmt werden. Schwierig ist es jedoch, die Stärke der Stürme zu erahnen. „Ernesto“, der Vorgänger von „Florence“, wurde bang erwartet, man hatte die Keys evakuieren lassen – und dann war er ein Lämmchen. Ein Fehlalarm kostet Millionen Dollar und kann mehr schaden als nützen. Werden Menschen zu oft gewarnt, ohne dass etwas Schlimmes geschieht, stumpfen sie ab und nehmen die tatsächliche Gefahr nicht ernst.

Doch die Sensibilität gegenüber Hurrikanwarnungen ist seit dem Sturmjahr 2005 gestiegen. Den Wissenschaftlern gingen die Namen für die Hurrikane aus, sie mussten sich mit Buchstaben aus dem griechischen Alphabet behelfen. Fakt ist, dass die Wirbelstürme an Zahl und Intensität zunehmen. Die Frage, warum das so ist, teilt die Hurrikan-Forscherwelt in zwei Lager: Ist die Zunahme eine Folge der Erderwärmung, also menschengemacht? Oder nicht?

Natürlich, sagen die einen – wärmeres Meer, mehr Treibstoff für die Stürme. Erwiesen ist gar nichts, sagen die anderen. Was, wenn es für Hurrikane Zyklen gäbe, starke und schwache – die nicht bekannt sind, weil die Datenlage zu wenig aussagekräftig ist, nicht weit genug zurück verfolgt werden kann? Christopher Landsea vom NHC verantwortet ein Spurensuche-Projekt. „Satellitendaten haben wir seit vierzig Jahren, erforscht werden die Hurrikane seit hundert Jahren“, sagt er. Vergleichsdaten sucht Landsea in historischen Schriften, in Logbüchern von Schiffen oder dem Archiv des Londoner Großversicherers Lloyd's. Doch auch das liegt keine 200 Jahre zurück. Die Paläotempestologie, die Wissenschaft von den Stürmen der Vergangenheit, ist eine junge Disziplin. Sie will die großen Zyklen aufzeigen, die Jahrhunderte umspannen: Wann kamen Hurrikane gehäuft vor? Wann nahmen sie an Stärke zu? Mithilfe von Bohrungen in Sedimentablagerungen wird ermittelt, wann es wie starke Hurrikane gegeben hat – vor Tausenden von Jahren. Hurrikane sind im Sediment sichtbar, weil sie große Mengen Sand aus dem Meer aufs Land tragen.

Ein Grund für die immer drastischeren Auswirkungen der Stürme ist auch das sprunghafte Ansteigen der Bevölkerung in Küstennähe – im Südosten der USA um 50 Prozent in den vergangenen 20 Jahren. Am Meer zu leben ist attraktiv, viele Rentner ziehen nach Florida. Aber je mehr Menschen an der Küste siedeln, desto mehr Opfer wird es zu beklagen geben, wenn die heulenden Winde wiederkehren.

Natürlich hat auch die Reisebranche reagiert. Deutschlands größter Veranstalter, die TUI, klärt schon im Katalog auf und hat sich ihr Krisenmanagement zertifizieren lassen. Der Chefreiseleiter in Florida hat einen Handy-Shortcut zum NHC. „Das System ist hoch professionell, es gibt Evakuierungswege und klar ausgewiesene Notunterkünfte – öffentliche Turnhallen mit Feldbetten oder Hotels im Inland“, sagt Robin Zimmermann, Mitglied des Krisenstabs der TUI. Im Straßenbild der Küstenstädte sind die Hurrikane allgegenwärtig: Überall sieht man blaue Hinweisschilder zur „Evacuation Route“ und dem „Hurricane Shelter“ – der Notunterkunft.

Anfang Juni, zum Beginn der Hurrikan-Saison sind die Zeitungen voll mit Vorsorgetipps, die Floridianer versuchen, sich zu wappnen: Sie kaufen Notvorräte, Wasser, pasteurisierte Milch und Essen in Dosen, man schenkt sich batteriebetriebene Fernseher – und wer es sich leisten kann, hat Panzerglas in den Fenstern. Weniger Reiche vernageln sie mit Brettern, wenn der Sturm kommt. Viele werfen ihre Gartenmöbel in den Pool, damit sie nicht als todbringende Geschosse umherfliegen. Und warten bang, was passieren wird.

Vielleicht hilft ihr sonniges Gemüt den Floridianern, das schwere Wetter zu ertragen. „In Kalifornien gibt es Erdbeben, auf Hawaii Vulkane – da sind mir Hurrikane lieber, man weiß wenigstens, wann es losgeht“, ist die Meinung vieler. Es stimmt, die Stürme kommen nie unerwartet. Doch trotz aller Technik kann man sie nur vorhersagen, nie beeinflussen. Sie nicht lenken, nicht abwenden – sich nur verstecken. Oder fliehen.

So, wie auch den Indianern nur die Flucht blieb, seit Tausenden von Jahren. Wenn er wieder in einem Wirbel aus Kraft und Zerstörung über das Wasser tobte und heulte, wütend und unhaltbar: der böse Geist, der Huracan. □

VERGNÜGUNGSPARKS

TOP TEN

Abenteuer und Spaß

Achterbahn, Artisten, Animation – die zehn aufregendsten Freizeitparks

Silver Springs **Ocala**
Ein herrlich altmodischer Park: Seit 1878 drehen hier Glasbodenboote ihre Runden über der größten Warmwasserquelle der Welt. Bei den Rundfahrten sieht man Fische, Schildkröten und unglaublich viele Alligatoren.
5656 E Silver Springs Boulevard, (G 4) www.silversprings.com, tgl. 10-17 Uhr, Tagesticket 26 € (Kinder 19 €)

Discovery Cove **Orlando**
Natasha ist 27 Jahre alt, 240 Kilo schwer und stinkt aus dem Maul nach Fisch. Trotzdem soll ich sie küssen, sagt Suzie, die Delfin-Trainerin – ein Küsschen auf die Schnauze eines Delfins sei schließlich der Höhepunkt des Tages in Discovery Cove. Nur 1000 Besucher am Tag empfängt der exklusive Park, Monate vorher muss man sein Ticket reservieren. Die Mühe lohnt: In Discovery Cove gibt es bunte Vögel zu bestaunen, man schnorchelt in einem künstlichen Riff mit schillernden Fischen und majestätischen Rochen, die man, ein Becken weiter, auch füttern darf. Zwar ist die tropische Lagunenkulisse fast unerträglich kitschig, doch das wird spätestens in dem Moment mehr als wettgemacht, in dem man die glatte, ledrige Haut eines Delfins streichelt und von ihm durchs Wasser gezogen wird. Ein Delfin, der mal keine Lust auf Kontakt hat, wird nicht dazu gezwungen, sondern bekommt den Rest des Tages frei.
6000 Discovery Cove Way, (H 5) www.discoverycove.com, tgl. 8.30-17.30 Uhr, Tagesticket ab 201 € (inkl. Delfin-Schwimmen) oder ab 124 € (ohne Delfin-Schwimmen). Beide Tickets beinhalten Essen und Getränke sowie den Verleih einer Schnorchelausrüstung. Außerdem berechtigen sie zu einem weiteren Besuch von Sea World oder Busch Gardens

Epcot **Orlando**
Während die NASA noch daran bastelt, werden in Disneyworld schon täglich Scharen von Menschen zum Mars geschossen. In einer Raketenkapsel erleben sie bei „Mission: Space“ die Schubkraft eines Starts und einen Moment der Schwerelosigkeit. Die modernste Attraktion von Epcot fügt sich in das Konzept, den Besuchern wissenschaftliche Leistungen und Zukunftsvisionen nahezubringen. Rund um die schimmernde Kugel „Spaceship Earth“, das Wahrzeichen des Parks, erklären Shows und Filme die neuesten technischen Errungenschaften. Die Kulturen der Welt präsentieren sich im „World Showcase“: Mexikanische Mariachis, Wikinger aus Norwegen und bayerische Schuhplattler zeichnen ein sehr amerikanisches Bild vom Rest der Welt.
Lake Buena Vista, (G 5) www.disneyworld.de, tgl. 9-19 Uhr, im Sommer bis in die späten Abendstunden offen, Tagesticket 53,50 € (Kinder 44,70 €), bei 7 Tagen Preis pro Tag 23,90 € (Kinder 20 €). Park-Hopper-Option und Vorausbuchung über Reiseveranstalter, z.B. TUI, möglich

Islands of Adventure **Orlando**
„Ich habe euch gewarnt“, hält Spider-Man drohend seinen Finger in die Höhe. Vor einer Sekunde klebte er noch am Haus gegenüber, um sich dann auf den Wagen mit den Parkbesuchern zu schwingen. In einem Hightech-Fahrzeug und mit 3-D-Brillen werden Besucher in das kriminelle New York versetzt – Höhepunkt in diesem Themenpark von Universal, der auf Spannung und Geschwindigkeit setzt. Ein Höllenritt ist die Fahrt im „Incredible Hulk“. Und im „Jurassic Park River Adventure“, Auge in Auge mit dem T-Rex, schaudert es auch abgebrühteste Action-Fans.
(H 5) Adresse, Öffnungszeiten und Preise wie Universal Studios

Magic Kingdom **Orlando**
Ein Autogramm von Donald Duck, ein Foto mit Micky Maus – im Magic Kingdom werden Disneys Charaktere leben-

Die Koordinaten (G 5) beziehen sich auf die MERIAN-Karte im Serviceteil auf Seite 123

1 Im Kennedy Space Center in Cape Canaveral werden Filme vom Start des Space Shuttle gezeigt 2 Shamu, der zahme Killerwal, zeigt sich in voller Größe, nachdem er mit ein paar kräftigen Flossenschlägen alle Zuschauer bis Reihe 14 nass gespritzt hat 3 Arm in Arm mit Donald Duck durch Magic Kingdom Orlando

dig. In sieben „magischen" Ländern, die sich rund um Aschenputtels Zuckerbäckerschloss erstrecken, finden Familien ihr Wunder-Märchenreich: Der Wilde Westen tobt im Frontierland, Comicfiguren tollen durch Toontown, und am Liberty Square stellen sich alle einstigen US-Präsidenten vor. Dazwischen liegen Geister- und Achterbahnen, 3-D-Kinos und farbenfrohe Bühnenshows.
(G 5) Adresse, Öffnungszeiten und Preise wie Epcot, Orlando

Sea World Orlando

Der Höhepunkt dieses Parks ist die Show mit Shamu, dem Killerwal, aber auch der Auftritt von Artisten und Delfinen ist toll! Außerdem gibt es mehrere Achterbahnen, bei denen man ordentlich nass wird, und viele Tiere: Schildkröten, Seekühe, Seehunde, Walrosse und ein Becken voller Haie und giftiger Fische, das man in einem gläsernen Tunnel durchquert. Wenn dort der fast zwei Meter lange Sägehai direkt über einem schwimmt, ist das ziemlich gruselig!
7007 Sea World Drive, (H 5) www.seaworldorlando.com, tgl. 9-18 Uhr, Tagesticket 48 € (Kinder 38 €)

Universal Studios Orlando

Viermal stündlich geht die Welt unter: Der Himmel färbt sich schwarz, Regen prasselt, dann jagt unter Brüllen und Tosen ein Tornado vorbei. In den Universal Studios erlebt man alle denkbaren Katastrophen – freiwillig! Der Sturm aus „Twister", ein Erdbeben oder der Angriff des Weißen Hais – man hat die Wahl. Rasante Fahrten, Filme und computeranimierte Shows erwecken die gruseligsten Kinofilme zum Leben. Schreckhafte Gemüter begegnen aber auch sympathischen Helden, wenn z.B. Kobold Shrek seine Prinzessin rettet – in einem Film mit Geruchs- und Tasteffekten.
1000 Universal Studios Plaza, (H 5) www.universalorlando.com tgl. 9-18 Uhr, im Sommer abends länger, Tagesticket 54 € (Kinder 45 €), Ermäßigungen und mehrtägige Pakete bei Online-Buchung

Wet'n Wild Orlando

Zuerst hört man nur Schreie. Dumpf hallen sie aus dem schwarzen Schlund. Dann spuckt das „Black Hole" seine Beute aus: strahlende Kinder. Die Flöße, Wasserreifen und Schlauchboote des Parks führen in gurgelnde Strudel, auf schäumende Bobbahnen mit Haarnadelkurven und in einen sehr nassen Nachtclub mit Retro-Musik.
6200 International Drive, (H 5) www.wetnwildorlando.com, tgl. 10-17 Uhr, 29 €

Kennedy Space Center Space Coast

Das Kennedy Space Center ist weit mehr als „nur" ein Vergnügungspark – hier schlägt das Herz der amerikanischen Raumfahrt. Ihre Geschichte und Faszination erlebt man im Raketengarten und in der Replik eines Shuttles, in 3-D-Filmen und Ausstellungen sowie bei einer Fahrt über das Gelände mit Blick auf Abschussrampen und die gewaltige Montagehalle der Raumfähren. Beim „Lunch mit einem Astronauten" erzählen Weltraum-Veteranen von der Schwerelosigkeit und ihrer Euphorie beim Anblick der Erde aus der Umlaufbahn. Wer gut plant, erlebt sogar einen Start: Fast jeden Monat werden unbemannte Raketen ins All geschossen.
Kennedy Space Center, (H 5) www.kennedyspacecenter.com, tgl. 9-17.30 Uhr, Bustouren über das Gelände tgl. 10-14.15 Uhr, Eintritt inkl. Filmen und Bustour 25 € (Kinder 17 €), Lunch mit einem Astronauten 19 € (Kinder 13 €), eintägiges Astronautentraining 180 €

Busch Gardens Tampa Bay

Jetzt erstmal ein Freibier! Im Welcome Center von Busch Gardens wird ausgeschenkt. Berauschender als das Getränk sind die Adrenalinschübe, die in Achterbahnen serviert werden. Höhepunkt ist der Fast-90-Grad-Sturz aus über 60 Metern Höhe. Freunde der gemächlicheren Gangart steigen in einen Jeep zur Safari vorbei an flüchtenden Zebras, Rhinobabys und schmusenden Giraffen.
3605 Bougainvillea Avenue, (F/G 6) www.buschgardens.com, tgl. 10-18 Uhr, Tagesticket 48 € (Kinder 39 €), bei Buchung über einen Veranstalter, z.B. TUI, wird das Ticket in einen „Anytime Pass" umgewandelt, das zu sieben Tagen Eintritt berechtigt

Der Rest von Amerika scheint weit entfernt: Die Seven-Mile Bridge ist die längste der 42 Brücken, die zum Festland führen, zur Rechten liegt der Golf von Mexiko, zur Linken der Atlantik

„Sprengt die Brücken, rettet die Keys!“ Mit solchen Parolen zeigen die Bewohner der Inselkette, dass sie sich selbst genug sind – als tropisches Revier für Raubeine und Romantiker, Aussteiger und Abenteurer

Text: Marcus Müller

FLORIDAS KARIBIK

ZWISCHEN ZWEI MEEREN

Jeden Morgen legen riesige Kreuzfahrtdampfer an Key Wests Mallory Square an. Abends geben sie den Blick aufs Meer wieder frei

Leise rieselt der Schnee: Eingeschneit werden die typischen „Conch"-Holzhäuser nur als Souvenirs

Das intelligenteste Tier im Wasser: Im Dolphin Research Center auf Grassy Key werden Flippers Artgenossen erforscht

Foto: Gerald Hänel

INSELN MIT AUSSTRAHLUNG

Der Leuchtturm von Key West, heute ein Museum, wurde 1847 erbaut. 40 Kilometer weit reichte sein Licht und warnte vor Korallenriffen

Hübsch und hungrig: Bis zu 1,5 Kilogramm Fisch am Tag fangen Pelikane mit ihrem Schnabelsack

Schaulaufen auf der Duval Street: Die Nachkommen der Hippies zeigen sich gern lässig, extravagant und farbenfroh

Als Jake Ferguson vor 18 Jahren auf die Florida Keys kam, wollte er eigentlich auf die Bahamas. Einen Monat lang war er als 20-Jähriger von New York aus nach Süden gesegelt. Als er in den Hafen von Key West einlief, hatte er nur noch 40 Dollar in der Tasche. Nicht genug, um weiterzufahren, Ferguson blieb in Key West. „Die beste Entscheidung meines Lebens“, sagt der tiefgebräunte Kapitän heute. „Es gibt eine angenehme Mischung von Menschen aus der Karibik, Aussteigern, Schwulen und Heteros. Alle leben friedlich zusammen. Das ist es, was es cool macht.“

Ferguson lächelt zufrieden. Nachdem er sich als Fischer, Segellehrer und Stadtführer durchs Leben geschlagen hat, ist er nun Charterboot-Kapitän und fährt Angler frühmorgens hinaus auf die See. Nach den Bahamas hat er keine Sehnsucht mehr: „Ich will nicht mehr weg aus Key West.“

Es ist seine Liebeserklärung an ein paar hundert Inseln. Eine Liebeserklärung an ein Gefühl von Unabhängigkeit und Leichtigkeit, an Freiheit und Abenteuer, die das Meer verspricht. In fast jedem der kleinen Häfen liegt ein Schiff, das „Laid Back“ oder „Easy Going“ getauft wurde, die Markenzeichen des Lebens hier.

Wie eine Sichel schwingt sich die Inselkette nach Südwesten. Viele hundert dieser Inseln sind nichts als ein Gestrüpp aus Mangroven und angespültem Sand. Und selbst die 32 größeren, die Hauptinseln, sind an vielen Stellen nicht wesentlich breiter als der Overseas Highway, der über 42 Brücken vom Festland nach Key West führt. Key Largo, Upper Matecumbe, Vaca Key, Bahia Honda Key, Key West: aus dem Spanischen ins Englische übernommene Namen für exotische Inseln in tropischer Hitze. Zwischen dem dichten Mangrovenwald, in dem weiße Reiher sitzen und Leguane sich verstecken, blitzt zur einen Seite das tiefblaue Wasser des Atlantiks, zur anderen der hellere Golf von Mexiko. Über den Buchten segeln weit oben die Seeadler und knapp über dem Wasser die Pelikane. Wie die Menschen sind sie auf der Jagd nach Fischen.

Denn ein Badeparadies sind die Keys nicht, Sandstrände sind rar. Ein mehr als 300 Kilometer langes Korallenriff bricht die Wellen vor der Küste – es gibt keine Brandung auf den Keys. Und ohne Brandung gibt es keinen Strand. Dafür sorgt der warme Golfstrom für einen ungeheuren Fischreichtum und lockt die Angler in solchen Scharen an, dass die beiden Orte Islamorada und Marathon sich „Weltzentrum der Sportfischerei“ nennen. Hier reiht sich ein kleiner Hafen an den anderen, auf den Hochseeangelbooten mit ihren hohen Aufbauten blitzen polierte Halterungen für die Angelruten in der Sonne. Die Fischer schwärmen von mächtigen Brocken, den Marlins, Wahoos, Fächer- und Thunfischen, die, so heißt es, fast von allein an den Haken springen. Doch Kapitän Wayne Kvadus, der auf einem Charterboot im „Whale Harbor“ in Islamorada gerade den nächsten Angeltrip vorbereitet, sieht die Sache nüchtern: „Man kann auf dem Pier der perfekte Angler sein, draußen ist alles eine andere Geschichte“, sagt der 55-Jährige, und hinter ihm steigt rotglühend die Sonne aus dem Meer. Draußen ist das Abenteuer, der Kampf auf dem offenen Meer, Mann gegen Fisch, allein und unerbittlich.

Seit 1980 wird in Key West der Marlin-Fischwettbewerb ausgetragen. Etwa 300 Angler besteigen jedes Jahr eine ganze Armada von Schiffen, um dem majestätischen Fisch nachzustellen. Doch alle kommen sie mit leeren Händen zurück: Die Marlins werden auf See gewogen und dann in die Freiheit entlassen. Den Anglern bleiben nur die Pfundzahlen, ein Beweisfoto und die Erinnerung an einen vielleicht so harten Kampf mit dem Fisch, wie ihn nur Hemingway erzählen konnte.

Er ist das große Idol der Keys: Ernest Hemingway. Es gibt wohl keinen Fischer auf den Keys, der nicht seine berühmteste und nobelpreisprämierte Geschichte „Der alte Mann und das Meer“ kennt. Der Schriftsteller hat die Inselkette berühmt gemacht und wurde dort selbst zum Helden der Klatschspalten, zum Mythos der Keys.

Wie besessen fuhr Hemingway jeden Nachmittag mit seiner Yacht hinaus, um große Fische aus dem Meer zu holen und sich mit den Trophäen fotografieren zu lassen. Abends feierte er den Fang des Tages bei „Sloppy Joe's“, der Kneipe seines Kumpels Joe Russell. Dort traf sich der „Mob“, eine Gruppe von Schreibern und Einheimischen. Ihr Anführer Hemingway trug den Spitznamen „Papa“, man soff, stritt und prügelte sich. Im düsteren Roman „Haben und Nichthaben“, der in Key West spielt, fing Hemingway diese Atmosphäre ein.

Die Zeit in Key West war für ihn eine produktive Schreibphase. Neun Jahre lebte Hemingway hier mit seiner zweiten Frau Pauline und den beiden Söhnen, ab 1931 im Haus in der Whitehead Street. In den frühen Morgenstunden entwarf er dort in einem kleinen Studio „Tod am Nachmittag“, schrieb „Die grünen Hügel Afrikas“ und „Schnee auf dem Kilimandscharo“.

Hemingways Lebenswandel aus Reisen, Schreiben, Fischen, Jagen, Saufen und Raufen gibt noch immer eine gute Blaupause ab für ein freies Leben: Die „Conchs“, wie sich die Keys-Bewohner nach der

Sand ist selten: Es gibt nur wenige Strände auf den Keys. Ein Korallenriff bricht die Wellen bereits vor der Küste, so spült nur an wenigen Stellen Sand ans Ufer, so wie bei „Pierre's" auf Islamorada

HEMINGWAY IST ÜBERALL

Beim Barte des Literaten: 150 Doppelgänger stellen sich jedes Jahr im Juli einer Jury – wer sieht „Papa" Ernest am ähnlichsten?

Daiqiri Factory: Bis in den frühen Morgen wird in „Sloppy Joe's Bar" Ernest Hemingways Lieblings-Drink serviert

heimischen rosafarbenen Muschel nennen, pflegen ein mild-karibisches Rebellentum. Sie gefallen sich als Nachfahren von Piraten und Wrack-Plünderern. In ihren Augen sind die Keys anders als der Rest der USA, trotz des Highways bleiben sie Inseln: Im „No Name Pub" auf Big Pine Key klebt ein Aufkleber über dem Tresen: „Rettet die Keys", steht darauf, „Sprengt die Brücken!"

1982 wurde gar eine „Conch Republic" gegründet. Die US-Grenzpolizei durchsuchte Autos nach illegalen Einwanderern, hatte dafür auf dem Festland Straßensperren aufgebaut und schnürte so die Lebensader der Inselkette ab. Die „Conch Republic" protestierte. Am 23. April um 12 Uhr mittags erklärte der Bürgermeister von Key West den Austritt aus den Vereinigten Staaten und der Union den Krieg. Die Rebellion dauerte eine Minute, dann ergaben sich die Abtrünnigen, traten den USA wieder bei und baten um Wiederaufbauhilfe – die nie kam. Die fröhlichen Keys wären nicht, was sie sind, wenn die „Conchs" aus dem Ereignis nicht sofort eine Party gemacht hätten: An jedem 23. April gibt es seitdem eine Unabhängigkeitsfest.

Auch Hemingway wird selbstverständlich gefeiert: Jedes Jahr Ende Juli schieben sich Horden dicker, weißhaariger, bärtiger Männer über die Duval Street. Ihr Ziel: der Hemingway-Doppelgänger-Wettbewerb, der seit 1981 im „Sloppy Joe's" gefeiert wird. 36 Kandidaten standen beim ersten Mal auf der Bühne, inzwischen sind es in jedem Jahr um die 150, die aus der ganzen Welt nach Key West kommen.

Der Kampf um Hemingways Bart und Statur ist eine große Sache auf der Insel. Ein paar Stunden vor dem ersten Auftritt der „Look-Alikes" sperrt die Polizei die Straße neben „Sloppy Joe's". Der Laden ist gerammelt voll. Die Wettkampfteilnehmer haben Familie und Freunde zum Klatschen und Brüllen mitgebracht, sie halten Plakate hoch, unterstützen lautstark ihre Favoriten. Es geht zu wie im heißesten Wahlkampf, nur getrunken wird mehr. Einige Zuschauer sind schon am frühen Abend seekrank von Schnaps, Cocktails und Bier. In mehreren Runden müssen sich die Doppelgänger dem johlenden Publikum präsentieren. Nur ein paar Sekunden dürfen sie reden, um die Jury zu überzeugen. Da werden Bärte gepriesen, als seien Rasierapparate Teufelswerk, man protzt mit Übergewicht, will dem Idol so nahe kommen, wie nur möglich. Fischen kann jeder, alle haben alles von Hemingway gelesen, und es fallen Sätze wie: „Ich bin der richtige Doppelgänger, wirklich, denn ich habe ein ernsthaftes Alkoholproblem."

Es ist eine große, rüpelige Show, die Jury setzt sich aus den Gewinnern der Vorjahre zusammen, dicken, weißhaarigen, bärtigen Männern, die den Ehrentitel „Papa" tragen. „Es gibt keine Regeln", sagt Ron Thomas, der „Papa 2002". „Ich entscheide danach, ob sie sich über Hemingway informiert haben."

Mehrere Tage zieht sich das Spektakel abends in der Bar bis zur Entscheidung hin, man ist schließlich geschäftstüchtig und dankbar für jeden Gast, der im touristisch schwachen Sommer ein paar Dollar vertrinkt. Dieses Jahr macht Chris Storm das Rennen. Er schafft es in der fünften Runde und wird „Papa 2006". Im Finale singt er sich mit einem Johnny-Cash-Lied in die Herzen der Jury. Nach dem Triumph sitzt der 55-Jährige schwitzend in hohen, braunen Stiefeln und Khakihosen auf der Bühnenkante, in seiner Sportweste stecken fünf Großkaliber-Jagdpatronen. Jeder, wirklich jeder klopft ihm auf die Schulter – was für ein Sieger! Er schießt mit den Patronen, die auch Hemingway benutzte, war schon mehrmals zum Jagen in Afrika, liebt das Fischen, kennt jede Zeile von Hemingway und schreibt selbst ein wenig. Außerdem ist er exakt so schwer wie Ernest zu seinen besten Zeiten – 100 Kilogramm – und keine drei Zentimeter kleiner.

Während des Festivals sind die bulligen Typen eine Touristenattraktion. Einer lässt sich mit Papagei Tiki auf der Schulter fotografieren, ein anderer läuft trotz der Bullenhitze wacker mit einem Wollpulli umher, um seinem Vorbild auf einem der berühmten Porträts nahe zu kommen. Die nostalgischen unter den „Look-Alikes" gehen in „Capt. Tony's Saloon". Die düstere Kneipe war zu Hemingways Zeiten die ursprüngliche „Sloppy Joe's"-Bar, hier lernte er 1936 Martha Gellhorn kennen, später seine dritte Frau. Hier tranken auch die anderen Literaten, die Key West anzog: Tennessee Williams und Truman Capote.

Wie so viele Touristen genießen auch die Doppelgänger die warmen Nächte und das liberale, für die prüden USA so untypische Key West mit seinen Bars, Strip-Lokalen, Travestieshows und Schwulen-Clubs. Tagsüber streift man durch die Stadt, entlang an bunten Hütten und verandabewehrten „Conch"-Häusern im westindisch-viktorianischen Stil-Mix. In den üppigen Vorgärten zwischen Banyanbäumen sitzen Palmenblätter flechtende Althippies und elegante Schwulenpärchen.

Lorian Hemingway, Schriftstellerin und Enkelin von Ernest (s. S. 28), hat ihren eigenen Zugang zu Key West. In der Casa Antigua, dort, wo ihr Großvater 1928 seine ersten Tage auf Key West verbrachte, gibt sie seit 1981 jährlich die Gewinner des nach ihr benannten Kurzgeschichten-Wettbewerbes bekannt. Bis zu 900 Zuschriften aus der ganzen Welt erreichen sie. Vor allem Anfängern will die 55-Jährige mit der Auszeichnung eine Chance geben, sich auf dem Literaturmarkt Gehör zu verschaffen.

Sie liebt das alte Key West, den Friedhof mit den skurrilen Grabinschriften. „Ich habe euch doch gesagt, dass ich krank bin", steht auf einem Stein, unter einem anderen ruht „ein ergebener Fan des Sängers Julio Iglesias". Lorian Hemingway mag das weniger herausgeputzte Schwarzenviertel „Bahama Village" mit den schiefen Häusern, zwischen denen Hähne frei umherlaufen. Das erinnert sie an das alte Key West aus Großvaters Zeiten.

Der Schriftsteller haderte in seinem späteren Leben mit dem auf den Keys erworbenen Image als Raubein und

Ein Spektakel, das nie langweilig wird: Die Sonne versinkt rot glühend im Meer, und die Menge am Mallory Square schaut ergriffen zu – wenn nicht gerade eine andere Show die Leute fasziniert

ABENDS BEKOMMT DIE SONNE APPLAUS

Trinker. Die Inselkette profitiert heute von seinem Mythos. Der alte Mann und das Meer, der Kampf gegen den Fisch machte die Keys berühmt, doch heute will man den Fisch nicht mehr besiegen, man verdient besser an ihm, wenn er lebt. Am besten geschützt wird die Meeresfauna im John Pennekamp Coral Reef State Park – ein Glück nicht nur für die Fische. Denn sie verbinden Menschen nicht mit Gefahr und trauen sich ganz nah an die heran, die das Korallenriff erschnorcheln.

Im warmen Wasser des Parks vor Key Largo fühlt man sich jede Minute wie in einem farbenfrohen Trickfilm. Ohne Scheu kommen gepunktete und gestreifte, gelbe, rote, blaue und grüne Fische in Schwärmen an die Schnorchler heran. Sie scheinen die Menschen zu beschnuppern, bevor sie zwischen gewundenen Hirn- und Elshornkorallen abtauchen. Als folgten sie einer ausgefeilten Choreographie, schwimmen acht große und ein kleiner prächtiger blauer Fisch einmal um die sieben Meter unter der Wasseroberfläche verankerte Christus-Statue herum und gleiten wieder fort. Ein silbern glitzernder Barrakuda sieht sich vom Schatten unter dem Boot aus das Treiben an. Ein Raubfisch immerhin, der völlig uninteressiert an Mensch und Fisch wieder verschwindet. Eine friedliche Welt, die – man glaubt es kaum – noch mehr schillert als das Leben auf den Keys. □

Marcus Müller, *Autor aus Berlin, mag Hemingways Geschichten sehr, will in 30 Jahren aber auf keinen Fall so aussehen wie „Papa".*

90 Meilen bis Kuba: Eines der beliebtesten Fotomotive ist die Betonboje am äußersten Zipfel von Key West, dem südlichsten Punkt der USA. Havanna liegt hier näher als Miami

DER ZWEITE BLICK AUF DIE SEVEN-MILE BRIDGE

Die Brücke am

Sie wurde als achtes Weltwunder bejubelt, trotzte schweren Hurrikanen und machte den Traum eines reichen Mannes wahr: Mit der SEVEN-MILE BRIDGE erschloss der Eisenbahnmagnat Henry Morrison Flagler 1912 die Florida Keys und begründete den Tourismus im Sunshine State

Text: Marcus Müller

Es war einmal ein Weltwunder, und geblieben ist – nur eine Ruine. Große Löcher klaffen im Beton der alten Seven-Mile Bridge, ein langes Stück in ihrer Mitte wurde gesprengt, um großen Schiffen die Passage zu ermöglichen. Ihre ersten Kilometer dienen wenigstens noch den Anglern als Pier, sie sind von Sträuchern überwachsen, Seeadler lassen sich auf dem Geländer nieder. Die Brücke ist zum genauen Gegenteil dessen geworden, was sie sein sollte – verkörpert Stillstand statt Bewegung, Gemächlichkeit statt Tempo.

Die Querung zwischen Vaca Key und Little Duck Key ist Anfang des 20. Jahrhunderts die größte technische Herausforderung eines kühnen und lange Zeit für unmöglich gehaltenen Projekts: Henry Morrison Flagler, der Eisenbahnmagnat, kündigt 1905 an, seine Florida East Coast Railway (FEC) bis nach Key West auszubauen. Sie soll Touristen transportieren, aber auch Fracht in den dortigen Tiefseehafen bringen – näher heran an den kurz vor Baubeginn stehenden Panama-Kanal. Die Zeitungen spotten über „Flagler's Folly“: Flaglers Torheit.

Doch der Mann lässt sich nicht beirren. „Es ist ganz einfach“, sagt er, „alles, was man tun muss, ist, einen Betonbogen zu bauen, dann den nächsten und ziemlich bald findet man sich in Key West wieder.“

Henry Morrison Flagler stellte mit dem Ausbau seiner Bahnlinie die Weichen für Miamis Aufstieg zur Metropole. Ein Zug der East Coast Railway (oben) brachte am 15. April 1896 die ersten Passagiere in den Ort, der damals ein Fischerdorf war

Ganz so einfach ist es dann doch nicht: Bis zu 4000 Arbeiter schlagen sich sieben Jahre lang durch Mangrovenwälder und befestigen matschigen Untergrund für die Bahntrasse. Sie schuften im tropischen Klima, sind blutsaugenden Moskitos ausgesetzt. Mehrmals zerstören Hurrikane das Gleisbett und reißen hunderte Arbeiter in den Tod.

Heute erinnert nichts mehr an die brutalen Umstände des Baus: Theodore, 56 Jahre alt, ein leidenschaftlicher Angler, steht auf der alten Seven-Mile Bridge und hält die Rute ins Wasser. Noch hat er nichts gefangen, obwohl die See unter der Brücke als gutes Revier gilt. „Wenn sie beißen, beißen sie“, sagt Theodore, ohne dabei seinen Zahnstocher aus dem Mund zu nehmen.

Was für ein Schicksal für den kühnsten Brückenschlag seiner Zeit – noch nicht einmal hundert Jahre nach seiner Einweihung: Die Seven-Mile Bridge ist jetzt der längste Angelpier der Welt. Schritt für Schritt wurde sie ihrer Funktion beraubt: Zuerst spült 1935 ein Hurrikan große Teile der Bahntrasse einfach weg. Die Brücke übersteht den Sturm und trägt einige Jahre danach den ersten Highway nach Key West. Doch sie verdient ihren Namen

Key

Die Sensation hat ausgedient: Am Bahia Honda State Park wurde eine Lücke in die alte Seven-Mile Bridge gesprengt, um Schiffen die Durchfahrt zu ermöglichen

kaum, diese Autobahn, denn sie ist schmal, gerade zwei Autos haben nebeneinander Platz. 1982 wird die neue Seven-Mile Bridge fertig gestellt, 10,9 Kilometer, die 45 Millionen Dollar gekostet haben. Flaglers Weltwunder hat ausgedient, man sprengt ihr eine Lücke in den Leib.

Der Blick auf die Ruine trübt die berauschende Fahrt auf der neuen Brücke, hoch über dem Meer denkt man wehmütig an das große Ziel des Mannes, nach dem in jeder Stadt Floridas eine Straße benannt ist.

Wie kaum ein anderer verkörpert Flagler den amerikanischen Traum: 1830 geboren, verlässt er als 14-Jähriger die Schule und wird für einen Monatslohn von fünf Dollar – plus Kost und Logis – kaufmännischer Angestellter. Er steigt auf und wird im Ölgeschäft mit John D. Rockefeller zu einem der reichsten Männer der Welt.

Im Winter 1878 raten die Ärzte seiner erkrankten Gattin, sich im warmen Klima Floridas von der Kälte New Yorks zu erholen. Flagler erkennt die Chance des Sonnen-Staates als Urlaubsregion für Reiche aus dem Norden. Er kauft mehrere kleine Eisenbahnen im Nordosten Floridas und verbindet sie zu einem Netz, das 1894 bis nach West Palm Beach reicht. Entlang der Strecke lässt er luxuriöse Hotels bauen, so das pompöse „The Breakers“ direkt am Atlantik in Palm Beach. Der Palazzo im Stil der italienischen Renaissance, mit viel Gold und Marmor, Säulen und verzierten Decken, wird zum Treffpunkt des Geldadels und Wahrzeichen der Stadt.

1894 und 1895 vertreibt anhaltender Frost die Wintergäste aus Florida. Die Legende will, dass die Plantagenbesitzerin Julia Tuttle aus dem weiter südlich gelegenen Miami Flagler einen Strauß blühender Orangenzweige schickt. So will sie ihn überzeugen, die Eisenbahnlinie weiter auszubauen. Flagler ist einverstanden. Nur ein Jahr später erreicht der erste Zug Miami – Startschuss für den Aufstieg des damals winzigen Ortes zur Metropole.

Doch Flagler selbst bleibt Palm Beach treu: 1902 wird seine Winterresidenz Whitehall fertig – ein strahlend weißer 55-Zimmer-Palast. Allein die 409 Quadratmeter große Eingangshalle schmücken sieben Sorten Marmor. Die repräsentativen Räume wie Bibliothek, Musik- und Billard-Zimmer sowie die Privat- und Gästesuiten im ersten Stock sind in den Stilen von Ländern und Epochen unterschiedlich eingerichtet. Im Ballsaal feiern die Flaglers rauschende Feste.

Der „große Sprung“ der Bahn von Insel zu Insel bis nach Key West beginnt 1905. Ein Rennen gegen die Zeit. Flagler, bereits 75 Jahre alt, sagt einem seiner Ingenieure: „Ich will sie fertig sehen, bevor ich sterbe.“ Das gelingt.

Am 22. Januar 1912 steigt er um 10.34 Uhr in Key West aus seinem privaten Luxus-Waggon Nummer 91. Flagler trägt einen akkuraten Anzug und einen runden Strohhut. Von Tausenden wird der Investor gefeiert. „Mein Traum ist erfüllt“, flüstert er einem Vertrauten zu.

Nur ein Jahr später stürzt Flagler in Whitehall zwei Marmorstufen hinunter und bricht sich die Hüfte. Kurze Zeit später stirbt er. Den Untergang seines Traums in den Florida Keys muss er nicht mehr mit ansehen. □

KUNSTMUSEEN

TOP TEN

Schauen und staunen

Viel mehr als nur ein Alternativprogramm für Regentage: Floridas exquisite Kunsttempel

Museum of Art Fort Lauderdale

Architektur der klassischen Moderne mitten in Fort Lauderdale? Ein vom Bauhaus inspiriertes Meisterwerk in der Stadt, die für ihre schnörkelreichen Villen bekannt ist? Kaum zu glauben, aber wahr! Das halbrunde, bestechend klar konzipierte strahlend weiße Museum of Art ist das architektonische Schmuckstück der Stadt. Der Architekt, Ed Barnes, hat in Harvard bei den Bauhaus-Legenden Marcel Breuer und Walter Gropius studiert. Auf 6 400 Quadratmetern wird jeweils ein wechselnder Teil der Sammlung gezeigt, darunter Bilder von Picasso, Moore und Warhol.
1, E Las Olas Boulevard, Fort Lauderdale (J 9), www.moafl.org
Mi-Mo 11-19, Do 11-21 Uhr, 4,70 €

Bass Museum of Art Miami Beach

Einen Stammplatz im Bass Museum hat nur der riesige Botticelli in der Galerie über dem Eingang. 3000 weitere Werke aus der Sammlung von John und Johanna Bass, die sie 1963 der Stadt Miami Beach vermachten, werden regelmäßig neu zu interessanten Ausstellungen gruppiert. Der Schwerpunkt des Museums liegt auf der europäischen Renaissance.
2121 Park Avenue, Miami Beach (g 1)
www.bassmuseum.org
Di-Sa 10-17, So 11-17 Uhr, 6,20 €

Wolfsonian Miami Beach

Wie Design den Alltag von Menschen prägen und sie sogar politisch beeinflussen kann, zeigt das Wolfsonian. „Museum für Lösungen" ist der Untertitel der großartigen Sammlung. In den oberen Stockwerken des atemberaubend schönen Art-déco-Gebäudes werden Designobjekte aus den Jahren 1885 bis 1945 gezeigt: U-Bahn-Drehkreuze und kunstschmiederne Türgitter, Möbel und Geschirr. Eine Sammlung politischer Plakate zeigt, mit welch unterschiedlichen Gestaltungselementen Diktaturen und Demokratien arbeiten. Obwohl die Ausstellung klein ist, dauert der Besuch lange, denn man schafft es kaum, sich von den interessanten Objekten zu lösen. Krönender Abschluss: die Fahrt hinab ins Erdgeschoss im prächtigen, mit Messing, Löwenköpfen und Spiegeln verzierten Art-déco-Aufzug. Wer die Ausstellung nicht sehen will, sollte doch mindestens einen Blick ins Foyer mit den vergoldeten Fenstern werfen!
1001 Washington Avenue, Miami Beach (f/g 3), www.wolfsonian.org
Do, Fr, 12-21, Sa-Di 12-18 Uhr, 5,50 €

Museum of Contemporary Art Miami

Eine ungewöhnliche Gegend für ein Museum: Im Norden Miamis zwischen dem Amt für Baugenehmigungen und einer Polizeistation erstreckt sich die MOCA-Halle unter einem Wellblechdach. Mit Ausstellungen ungewöhnlicher Künstler will das MOCA besonders Menschen erreichen, die sonst kaum Zugang zur Kunst finden. Ausgestellt werden spannende zeitgenössische Arbeiten etwa von Dan Flavin, Julian Schnabel und Nam June Paik.
770 NE 125th Street, North Miami (J 9)
www.mocanomi.org
Di-Sa 11-17, So 12-17 Uhr, 4 €

Rubell Family Art Collection Miami

Diese Sammlung verblüfft sogar abgebrühte Kenner der Gegenwartskunst und das längst nicht nur, weil sie in einem ehemaligen Depot für beschlagnahmtes Kokain angesiedelt ist. Das Hoteliersehepaar Don und Mera Rubell sammelt seit den 60er Jahren mit viel Leidenschaft und Entschlossenheit Kunst. Ihre riesige Kollektion gibt einen exzellenten Überblick über die großen Strömungen der letzten Jahrzehnte. Zum 6000 Werke umfassenden Besitz gehören Arbeiten von Anselm Kiefer, Keith Haring, Jeff Koons, Richard Prince, Cindy Sherman und Damien Hirst. Der listige Spaßmacher Maurizio Cattelan ist ebenso präsent wie die oft etwas ernster gesinnten Vertreter der „Neuen Leipziger Schule". Ausgestellt wird eine häufig wechselnde Auswahl.
95 NW 29th Street, Miami (c 1)
www.rubellfamilycollection.com
Mi-So 10-18 Uhr, 4 €

Die Koordinaten (G 5) beziehen sich auf die MERIAN-Karten im Serviceteil.

❶ Der Patio des Ringling Museum of Art ist mit Brunnen und Skulpturen aus Italien gestaltet ❷ Dalís „Meisterwerke“ werden im Museum in St. Petersburg mit Kenntnis und Witz erklärt ❸ Die Pop-Version der Freiheitsstatue gehört zur Rubell Family Art Collection, die in einem alten Kokaindepot in Miami gezeigt wird

Norton Museum of Art
Palm Beach
Ein Besuch in der lichtdurchfluteten Villa ist ein Muss für Kunstinteressierte. Als eines der ersten Museen des Landes legte das Norton seinen Schwerpunkt nicht auf europäische Werke, sondern auf amerikanische Gegenwartskunst. Ein Entschluss, der sich ausgezahlt hat. Heute pilgern Kunstfreunde aus aller Welt nach Palm Beach, um Bilder von Edward Hopper, Jackson Pollock, Andy Warhol und Georgia O'Keeffe zu bestaunen.
1451 S Olive Avenue, Palm Beach (J 8)
www.norton.org
Mo-Sa 10-17, So 13-17 Uhr, 6,20 €

John and Mable Ringling Museum of Art Sarasota
John Ringling besaß um 1930 fast jeden Wanderzirkus der USA. Das Geld, das für ihn in den Manegen verdient wurde, ließ er zum Teil in seine exquisite Kunstsammlung fließen. Fünf monumentale Rubens' gehören genauso dazu wie ein ganzer Raum voller Kunstgegenstände, den er einer New Yorker Gesellschaftsdame abkaufte. Um den Bau der Galerie kümmerte er sich übrigens noch selbst, und ihre heutige, opulent-farbenfrohe Erscheinung würde er bestimmt mögen. Ausführlich werden nicht nur die einzelnen Werke, sondern auch ihre politisch-gesellschaftlichen Hintergründe erklärt. Und wer mag, kann sich kurzweilig in die Geheimnisse der Malerei einweihen lassen, zum Beispiel an der Experimentierstation „So entsteht ein Altarbild auf Holz“.
5401 Bayshore Road, Sarasota (F 7)
www.ringling.org
tgl. 10-17.30 Uhr, 11,70 €

Dalí Museum
St. Petersburg
Ein Besuch im Dalí Museum lohnt alleine den Flug nach Florida. Seit 1942 hat das Industriellenpaar Eleanor und Reynolds Morse fast 1400 Werke des Surrealisten zusammengetragen. Dazu gehören auch sechs der 18 riesigen Ölgemälde, die Salvador Dalí als seine „Meisterwerke“ bezeichnete. Man muss sie mit viel Muße betrachten, um alle Anspielungen, Verschachtelungen und zweiten Ebenen zu erkennen. Deshalb stehen überall kleine Hocker, die man vor einem Bild platzieren kann, um es gründlich zu studieren. Ungeklärte Fragen? Eine Bibliothek mit mehr als 5000 Büchern über den Surrealismus steht zur Verfügung. Und damit der Besuch nicht zu intellektuell wird, gibt es einen Shop in dem vom Schnapsglas mit Schnurrbart bis zur Brillantenbrosche Nützliches und Lustiges rund um den Surrealisten verkauft wird.
1000 3rd Street S, St. Petersburg (F 6)
www.salvadordalimuseum.org, Mo-Mi u. Sa 9.30-17.30, Do 9.30-20, Fr 9.30-18.30, So 12-17.30 Uhr, 10,90 €

Museum of Fine Arts
St. Petersburg
Georgia O'Keeffes „Roter Mohn“ ist das bekannteste Werk der Sammlung, die in einer alten Villa mit bezauberndem Patio untergebracht ist. Die Ausstellung asiatischer Kunst gibt Besuchern mit ihren kolossalen Buddhas und chinesischen Schnitzereien einen guten Überblick über die fernöstliche Geschichte.
255 Beach Drive NE, St. Petersburg (F 6)
www.fine-arts.org
Di-Sa 10-17, So 13-17 Uhr, 6,20 €

Charles Hosmer Morse Museum of American Art
Winter Park
Mundgeblasene gläserne Blütenkelche, so zart, dass sie fast zu zerfallen scheinen. Bunt leuchtende Mosaike aus tausenden winzigster Glasstückchen. Jugendstillampen, Tonvasen, Bleiglasfenster und Schmuck – über 50 Jahre lang haben die Gründer des Morse-Museums die Werke des Glaskünstlers Louis Comfort Tiffany (1848-1933) gesammelt. Kernstück des Museums ist die opulente Innenausstattung einer Kapelle, mit der Tiffany auf der Chicagoer Weltausstellung 1893 Furore machte: ein Gesamtkunstwerk im byzantinischen Stil, das hier komplett zu bewundern ist.
445 N Park Avenue, Winter Park (H 5)
www.morsemuseum.org, Di-Sa 9.30-16 So 13-16, Sept.- Mai auch Fr 16-20 Uhr bei freiem Eintritt, sonst 2,40 €

von seekühen und meer

Wenn die Nixen in Weeki Wachee unter Wasser tanzen, mischen sich manchmal ein paar Manatis in die Choreographie. Seekühe lieben Gesellschaft – und Menschen, die ihnen den Bauch kraulen

Text: Susanne Weingarten, Fotos: Gerald Hänel

Sie werden bis zu vier Meter lang, können weit über eine Tonne wiegen und verbringen den größten Teil des Lebens mit Fressen und Schlafen. Dennoch sind Seekühe für ein Tête-à-tête mit Tauchern meistens zu haben

Figuren, bei denen der Atem stockt. Die Tänzerinnen des Unterwasserballetts von Weeki Wachee bekommen Sauerstoff aus fest installierten Schläuchen

jungfrauen

Kolosse auf Kur: In Homosassa Springs werden verletzte Manatis gesund gepflegt. Ihre Verletzungen stammen meist von Kollisionen mit Motorbooten

So, und jetzt ins Wasser", sagt Marcy Terry aufmunternd. Ins Wasser! Ich sitze auf einem Steg am Rand eines kleinen Quellsees, ich schaue in die Tiefe und wackle unentschlossen mit meiner Schwanzflosse. Gerade hat Marcy mir geholfen, mich in eine Meerjungfrau zu verwandeln: Als erstes habe ich Schwimmflossen angezogen und dann musste ich meine untere Hälfte – einschließlich der Flossen – in einen langen, schillernd blauen Stoffschwanz lavieren und schließlich die Luft anhalten, während Marcy einen Reißverschluss bis zu meiner Taille hochzog. Voilà, schon war ich eine Nixe!

Aber eben eine auf dem Trockenen. Ich gebe mir einen Ruck und lasse mich ins Wasser gleiten. „Beine anziehen und dann nach hinten kicken", sagt Marcy, die 1997 ihre Karriere als Meerjungfrau begonnen hat. Hmm, gar nicht so schwer. Dass ich meine Beine nicht einzeln bewegen kann, ist weniger klaustrophobisch, als ich gedacht hatte. Ich schaffe es – anziehen, kicken, anziehen, kicken – bis zur Mitte des Sees.

Seit 60 Jahren tanzen in einem bescheidenen Vergnügungspark in Weeki Wachee, nördlich von Tampa, hübsche Meerjungfrauen ein Unterwasserballett. In das Ufer des Quellsees des Weeki Wachee River ist, mehrere Meter unter der Erde, ein Theater mit fast 500 Sitzplätzen hineingebaut, das vorne statt einer Bühne ein Fenster zum See hat – ähnlich, wie man es aus einem Zooaquarium kennt.

Dahinter vollführen die Meerjungfrauen mehrmals am Tag eine halbstündige Show. Sie tragen weder Taucherbrillen noch Sauerstoffflaschen, sondern atmen durch im Becken fest installierte Luftschläuche, nach denen sie immer wieder greifen, während sie

Monatelang müssen die Taucherinnen trainieren, bis sie unter Wasser auftreten dürfen, ihr meistgegebenes Stück: „Die kleine Meerjungfrau"

wenn die manatis kommen, stehlen sie den nixen die schau

im Wasser auf und ab gleiten, sich elegant drehen und wenden, Salti schlagen und eine Geschichte – meist ist es „Die kleine Meerjungfrau“ – spielen. Fische und Schildkröten schwimmen mitten durch die Choreographie, und im Winter kommen Seekühe aus dem Weeki Wachee River angepaddelt, die sich das Ballett fasziniert anschauen – und gelegentlich mitmischen. „Wenn die Seekühe kommen“, sagt die Meerjungfrau Abigail Anderson, „stehlen sie uns immer die Schau.“

Ein solches Spektakel gibt es nirgendwo sonst auf der Welt. Und dass es Weeki Wachee Springs selbst noch gibt, grenzt an ein Wunder. Denn viele Vergnügungsparks der Nachkriegszeit konnten mit den größeren, aufregenderen Hightech-Angeboten von Disneyland & Co. nicht mithalten und mussten schließen. Auch Weeki Wachee Springs, das zu seinen größten Zeiten 500 000 Gäste im Jahr (darunter Elvis) angezogen hatte, stand 2003 vor dem Aus. Aber dann übernahm das Städtchen – die Bürgermeisterin Robyn Anderson ist eine Ex-Meerjungfrau – den einzigartigen Vergnügungspark und begann den Kampf um seine Zukunft.

Es ist vor allem die Nostalgie, auf die das Meerjungfrauen-Theater dabei setzen kann. An diesem Morgen füllen sich die Holzbänke des türkisfarben gestrichenen Zuschauerraums mit erinnerungstrunkenen Großeltern, die ihre Enkel hergebracht haben, und jungen Familien, die hier erleben können, wie sich Amerika vor einem halben Jahrhundert vergnügte: alles etwas kleiner, einfacher, naiver und mit einem hinreißenden Kitschfaktor.

Nach meinem Workshop als Weeki-Wachee-Nymphe habe ich großen Respekt vor der Leistung der Taucherinnen, die ihr Unterwasserballett so anmutig und mühelos aussehen lassen. Schon das Atmen durch den Luftschlauch, der mit hohem Druck Sauerstoff in die Lungen pumpt, ist eine Kunst für sich. „Jede von uns hat zwi-

Die Haut der Seekühe fühlt sich an wie die von Elefanten, ist aber von Algen besetzt

Auch eine Seekuh braucht Zuspruch, wenn sie krank ist – und etwas Leckeres zu fressen. Pfleger kümmern sich liebevoll um ihre dicken Patienten

Meerjungfrauen küsst man nicht – aber im Vergnügungspark von Weeki Wachi dürfen Besucher mit ihnen zumindest fürs Erinnerungsfoto posieren

schendurch geglaubt“, sagt Abigail, „dass sie es nie lernen wird.“ Die jungen Frauen werden in monatelangem Training ausgebildet, manche von ihnen bleiben viele Jahre dabei. Eine Weeki-Wachee-Meerjungfrau zu sein, das gilt etwas in der Gegend.

Ich selbst bin leider bereits am Tauchen gescheitert. So heftig ich auch mit meiner Schwanzflosse gekickt habe: Ich kam und kam nicht in die Tiefe. „Manche Leute haben einfach Schwierigkeiten mit ihrem Auftrieb“, sagt Marcy taktvoll.

Die Damen von Weeki Wachee sind, so unwahrscheinlich es klingt, nicht die einzigen Meerjungfrauen an den Gestaden des Golfs. Denn auch die Seekühe, die gelegentlich bei ihnen vorbeischauen, wurden von Seeleuten einst für diese sagenhaften Meereswesen gehalten.

Als ich meiner ersten Seekuh begegne, zweifle ich allerdings am Verstand jener verblichenen Matrosen. Oder zumindest an ihrer Nüchternheit. Denn das ungeschlachte, graue Vieh ähnelt eher einem Walross denn einer Wassernymphe. Es dümpelt am Grund der King's Bay, eine halbe Autostunde nördlich von Weeki Wachee, und weidet das Seegras ab.

Ein Tourboot hat mich, zusammen mit fünf anderen, zu einem Schnorchelausflug ins Seekuhrevier gefahren. Ein bisschen ängstlich schwimme ich an den Koloss heran, der beim Fressen sachte mit der Schwanzflosse schlägt. Natürlich weiß ich, dass ich ein vollkommen ungefährliches Säugetier vor mir habe, das weder über Beißzähne verfügt noch im Ruf steht, besonders helle zu sein. Seekühe haben das kleinste Hirn/Körper-Verhältnis aller Säugetiere, sind ausgesprochen kurzsichtig und verbringen ihre Zeit überwiegend mit Fressen und Schlafen. Aber sie sind eben auch respekteinflößend groß – bis zu vier Meter lang und bis zu 1600 Kilogramm schwer!

Ich strecke entschlossen die Hand aus, tätschele den Rumpf der Seekuh und registriere erleichtert: Sie lässt es sich gefallen. Ihre Haut ist nur dort glitschig, wo Algen sich festgesetzt haben, ansonsten so rau und rissig wie die eines Elefanten. Die beiden Familien sind eng verwandt, und die Seekuh-Vorfahren haben an Land gelebt. Bald werde ich kühner, paddele zu den Flossen, dann zur runden, mit stachligen Haaren besetzten Schnauze vor. Jetzt schaut sie genervt – oder bilde ich mir das nur ein?

Nach wenigen Minuten verkriecht sich die Seekuh unter ein Dock. Pech gehabt! „Nicht alle sind gesellig. Wir müssen hoffen, dass wir welche treffen, die Lust auf Streicheleinheiten haben“, sagt Chris Senetra, die wettergegerbte Kapitänin unseres Bootes, und steuert einen Seitenkanal an. Chris stammt aus der Kleinstadt Crystal River, die nahezu ein Monopol auf den Seekuh-Tourismus hat. Nur in dieser Gegend ist es erlaubt, mit den geschützten Tieren zu schnorcheln, nach strikten Verhaltensregeln: Berühren etwa darf man sie nur mit einer Hand – nie soll der Eindruck entstehen, Touristen würden auf den Tieren reiten! 44 Seekühe verbringen den Sommer in Crystal River, im Winter sind es um die 400, denn das Wasser in der King's Bay ist dann erheblich wärmer als draußen an der Golfküste. Und Seekühe, wer hätte das gedacht, frieren leicht.

In dem Seitenkanal entdecken wir eine Seekuhmutter und ihr Junges. Als das Kalb uns sieht, ist es schwer begeistert, kommt auf uns zugeschossen, knabbert vorwitzig an unseren Masken, scharwenzelt herum, schubst uns mit den Flossen, taucht unter uns hindurch und lässt sich nur allzu gern kraulen, vor allem am Bauch. Die Mutter nutzt die Ablenkung, um am Boden ein Nickerchen zu halten. Ab und an ruft sie ihr Junges, wenn es antwortet, schläft sie beruhigt wieder ein. Auch Seekuhmamas haben eine Pause verdient.

Eine Dreiviertelstunde tollen wir mit dem Kleinen herum. Dabei ist gar nicht so klar, wer hier mit wem spielt: Das Kalb hat offensichtlich genauso viel Spaß wie wir. Dass Seekühe dumm sind, will ich danach nicht mehr glauben – und die jüngste Forschung bestätigt mich. Ihr Hirn ist für einen Vegetarier gar nicht so klein, außergewöhnlich ist nur die überproportional gewaltige Leibesfülle – die eine gleichmäßige Körperwärme garantiert.

Die Kälte zwingt uns zurück ins Boot. Und während ich „unserem“ Kalb hinterherblicke, ertappe ich mich bei dem Wunsch, eine richtige Meerjungfrau zu sein. Dann könnte ich länger im Unterwasserreich bleiben. □

Susanne Weingarten, *Autorin aus Los Angeles, übt im Schwimmbad weiterhin, ihren Auftrieb zu kontrollieren – für den nächsten Besuch in Weeki Wachee.*

WELLNESS

TOP TEN

Luxus für alle Sinne

Edle Düfte, tropische Massagen: Die besten Wellness-Hotels verwöhnen mit Stil

Boca Raton Resort and Spa Boca Raton

Wer sich je wohlig in einen Sessel in der „Great Hall“ gekuschelt hat, dem Entspannungsraum, der mit offenem Kamin und holzvertäfelten Wänden aussieht wie eine englische Schlossbibliothek, der wird danach andere Hotel-Spas mit leichter Enttäuschung betrachten. Das Boca Raton Resort and Spa bietet ein Wellness-Angebot auf höchstem Niveau – fast 100 Angestellte verwöhnen in 44 Behandlungsräumen die Gäste. Eine Besonderheit ist das „rituelle Bad“: Nach mehreren Waschungen, Sauna und Dampfbad landet man in einer prunkvollen Badehalle, die mit ihren Säulchen und Ornamenten an einen maurischen Palazzo erinnert.

501 East Camino Real, Boca Raton (J 8)
Tel. (561) 447 30 00, Fax 447 50 64
www.bocaresort.com €€€€

Hawk's Cay Resort Duck Key

„Komm, wie du bist“, ist der Werbespruch der Florida Keys – und in Hawk's Cay Resort könnte man ihn ergänzen mit „und fahr entspannt wieder ab“. Dafür sorgt karibisches Flair unter Strohsonnenschirmen und bei Steelband-Musik. Im Badezimmer stehen Key-Lime Kosmetik-Produkte, und ständig werden Cocktails gereicht, sogar im Spa, bei Margarita Peeling (mit Tequila) oder Piña-Colada-Massage (mit Kokosöl). Abends dann, auf der Veranda, wenn die Sonne rot glühend im türkisblauen Meer versinkt und einen violetten Himmel zurücklässt, ist man ganz ohne Cocktails berauscht.

61 Hawk's Cay Blvd., Duck Key (H 11)
Tel. (305) 743 70 00, Fax 743 52 15
www.hawkscay.com €€€

Cheeca Lodge Islamorada

„Gisele ist gerade abgereist“, erzählt der Hotelmanager stolz, ja, Miss Bündchen ist Stammgast in der Cheeca Lodge – schon allein wegen der mehr als 20 Foto-Shootings für Victoria's Secret-Unterwäsche, die hier jedes Jahr stattfinden. Welche Anwendung im Avanyu Spa das Topmodel bevorzugt, verrät er allerdings nicht. Vielleicht ist es das „Citrus Salt Glow“, bei dem der Körper mit Meersalz und Zitronensaft gepeelt, dann mit einer Wassertropfenmassage gelockert und schließlich mit Kakaobutter auf Hochglanz gecremt wird. Womit auch immer sie sich verwöhnen lässt, danach badet die Diva bestimmt im riesigen Salzwasser-Pool, in dem, ganz authentisch, auch ein paar Fische schwimmen.

MM 82, Islamorada (H/J 11)
Tel. (305) 664 46 51, Fax 664 28 93
www.cheeca.com €€€€

Ocean Key Resort & Spa Key West

Knallroter Bettüberwurf, Tiffany-Spiegel, Ventilator im Kolonial-Stil, knatschgrüne Wände, im Bad Armaturen von Philippe Starck – das Ocean Key Resort am Mallory Square in Key West ist extrem bunt, ohne auch nur einen Hauch von Kitsch – eine Kunst! Von den höher gelegenen Zimmern hat man einen fantastischen Blick auf die Oberdecks der Kreuzfahrtdampfer, und bei den fernöstlichen Ritualen im Spa geht auch die Seele auf Reisen. Zum Beispiel bei Samunprai, einer Massage mit heißen Stempeln, die betörend nach Asia-Kräutern duften.

Zero Duval Street, Key West (G 11)
Tel. (305) 296 77 01, Fax 292 76 85
www.oceankey.com €€€

Hotel Victor Miami Beach

„Very sexy“ will das Spa des Hotel Victor sein, das eine Etage unter dem Ocean Drive gelegen ist. Dazu passt, dass Bademäntel und -schlappen nicht klinisch weiß, sondern modisch schwarz sind. Und dass hier die wahrscheinlich einzige Sauna Miamis zu finden ist, in der Männer und Frauen gleichzeitig und auch noch nackt schwitzen – was viele ihrer Landsleute „beunruhigend“ finden, wie Spa-Chefin Donna Stephenson zugibt. Aber auch „very sexy“. Genau so fühlt man sich nach der Massage „Melt me“, die gegen Verspannungen hilft. Zum Dahinschmelzen!

1144 Ocean Drive, Miami Beach (g 3)
Tel. (305) 428 12 34, Fax 421 62 81
www.hotelvictorsouthbeach.com
€€€€

Die Koordinaten (G 5) beziehen sich auf die MERIAN-Karten im Serviceteil. € Preiskategorien für Hotels finden Sie auf S. 107

❶ Auch Hunde werden im „Don Cesar Beach Resort" rund um die Uhr gepampert ❷ Wer braucht das Meer, wenn er im Pool des legendären „The Breakers" seine Bahnen ziehen kann? ❸ Asia-Düfte und klares Design im Spa-Bereich von „The Setai"

The Setai **Miami Beach**

Vergessen ist die flirrende Hitze Miamis draußen vor der Tür. Der Duft des Zitronengras-Massageöls und dezente Musik mit Vogelzwitschern und Regenplätschern geben dem Gast im Spa des The Setai das Gefühl, in einem japanischen Bambuswald zu sein. Anderthalb Stunden tanzt Loren Browne mit dem Körper. So beschreibt der junge Mann seine „Tui-Na"-Massage, eine Mischung aus chinesischer Heilmassage und Chiropraktik, mal kräftig, mal sanft. Derartig gelockert hält man es ewig an einem der drei Pools vor dem Spa aus. Der Gedanke an Bambuswälder kühlt.
2001 Collins Avenue, Miami Beach (g 1)
Tel. (305) 520 60 00, Fax 520 66 00
www.setai.com €€€€

Ritz-Carlton **Naples**

Das größte Ritz-Carlton-Spa der Welt hat einen Spitzenplatz in fast jedem Ranking um den besten Wellness-Bereich. Die Villa im tropischen Garten des Resorts lässt keinen Wunsch offen. Besonders schön sind die Umkleideräume mit Whirlpools, Ruheterrassen und Marmorduschen, so prunkvoll, dass man sie ungern mit profaner Seife entweihen würde. Wie schön, dass Pflegeprodukte von Bulgari kostenlos zur Verfügung stehen. Derart luxuriös gesäubert bleibt nur noch die Qual der Wahl aus einem elf Seiten dicken, eng gedruckten Spa-Menü. Wunderbar ist die „Intuitive Massage" mit verschiedenen Massagetechniken und -utensilien wie heißen Steinen und Kräuterstempeln, die für jeden Gast neu und individuell gestaltet wird.
280 Vanderbilt Beach Road, Naples (G 9)
Tel. (239) 598 33 00, Fax 589 66 90
www.ritzcarlton.com/resorts/naples
€€€

Ritz-Carlton **Orlando**

Der frische Duft von Limonen, Zitronen und Orangen belebt in diesem Wellness-Bereich die Sinne. Etwa bei der Anwendung mit dem schönen Namen „East Indian Lime Scalp and Body". Kopf und Körper werden mit duftenden Essenzen massiert, dabei verfliegt die Müdigkeit des Tages – und man bekommt einen Riesenappetit auf Obst. Das wird dann stilvoll auf einem silbernen Teller gereicht, den man gern mit an den Pool nehmen kann.
4012 Central Florida Parkway, Orlando (H 5), Tel. (407) 206 24 00, Fax 206 24 01
www.ritzcarlton.com/resorts/orlando_grande_lakes €€€

The Breakers **Palm Beach**

Verglichen mit dem pompösen Hauptgebäude erscheint das Spa winzig. Doch der äußere Eindruck täuscht: Fitness-Center, Duschen und Sauna stehen dem Luxus des Hotels in nichts nach – und natürlich sind die Wasserhähne golden. Draußen bei der Outdoor-Massage entschädigt der Ozeanblick für die eher kleinen Räume. Die Masseuse bittet in einen Turm im Riviera-Stil, den man für sich allein hat. Schon frühmorgens weht warmer Wind sacht über die Haut, der Atlantik rauscht, und die Gedanken segeln auf ihm dahin.
1 South County Road, Palm Beach (J 8)
Tel. (561) 655 66 11, Fax 659 84 03
www.thebreakers.com €€€€

Don Cesar Beach Resort **St. Pete Beach**

Ein rosarotes Grandhotel mit Türmchen und Stuck direkt am Strand: So seltsam fehl am Platze wirkt der Pomp des Don Cesar Beach Resort, dass man erst den Kopf schüttelt und dann überwältigt ist. Die „Pink Lady" stammt aus den Zwanzigern – gehört aber heute zu den gepflegtesten und bestgeführten Traumburgen Floridas. Im Palmengarten beim Rauschen der Brandung fühlt man sich zurückversetzt in die glamouröse Ära des Großen Gatsby.
3400 Gulf Blvd., St. Pete Beach (F 6)
Tel. (727) 360 18 81, Fax 367 69 52
www.doncesar.com €€€

Text: Anja Haegele

Zaungast im Paradies

Auf den Inseln Sanibel und Captiva haben Tiere keine Angst vor Besuchern – und lassen sie ganz nah an sich heran

Wenn nach einem Sturm sein Telefon klingelt, ahnt Captain Mike Smith, dass es seine Mutter ist. „Junge, komm, bring mich raus, ich habe Muschelfieber", sagt die über 80-Jährige. Dann lässt der frühpensionierte Sheriff sein Boot ins Wasser und macht einen Ausflug mit seiner Mom.

„Die meisten Muscheln findet man nach einem Sturm", sagt Captain Smith. Wenn das Wetter rau war und das Meer aufgewühlt, treibt es die Muscheln ans Ufer. Sanibel und ihre Schwesterinsel Captiva liegen quer zur Strömung, wie eine Sperre im Golf von Mexiko. Ein geologischer Glücksfall: Dieser Lage ist es zu verdanken, dass die Muscheln, die anderswo auf dem Grund des Ozeans entlangtreiben, nach oben gespült werden, an den Strand. Mehr als 400 verschiedene Arten gibt es hier – das ist rekordverdächtig.

Auf Sanibel klingt selbst das Meeresrauschen nach Muscheln, sachter als an anderen Stränden, an denen vielleicht ein paar Kiesel aneinanderklackern. Hier hört man mit jeder Welle, wie Hunderte, Tausende Muschelschalen an den Strand gerollt werden. Und wenn die hohlen Häuser der Meeresschne-

cken sich berühren, klingt es so zart, als würden sie miteinander kuscheln, die Muscheln.

Wenn Captain Smith' Mutter ausnahmsweise in einer Schönwetterperiode vom Muschelfieber befallen wird, ziehen die beiden früh morgens los, dann, wenn am Horizont die ersten blassrosa Streifen ankündigen, dass es bald dämmern wird. Sie tragen Netze auf der Schulter und waten gebückt durchs flache Wasser. Ihre Blicke sind auf den Boden gerichtet, mit den Füßen fächern sie den Sand auf.

Dort liegen sie, rote, braune, violette, große und kleine Jakobsmuscheln und dazwischen die Kostbarkeiten, auf die jeder Sammler hofft: die braun-weißgesprenkelte Olivenschnecke, die gelbe Spinnenschnecke, der weiße Engelsflügel, das glänzende Hai-Auge, und – die schönste von allen – die getigerte Kronenschnecke.

Es ist schwer vorstellbar, dass es irgendwo auf der Welt mehr Muscheln geben könnte, aber Sam Bailey sagt, „es sind viel weniger und viel kleinere als in meiner Kindheit“. Sam Bailey ist 82 Jahre alt, Großgrundbesitzer, Präsident des Sanibel-Erhaltungs-Komitees, Betreiber des einzigen Supermarktes und Insel-Patriarch. Als junger Mann zog es ihn in die Welt, er war Profi-Football-Spieler, dann Trainer, aber nach seiner Sport-Karriere, Anfang der 70er-Jahre, kehrte er zurück und stieg auf Sanibel ins Familiengeschäft ein. Die Insel, sagt er, war nicht mehr dieselbe, die er verlassen hatte. Seit 1963 gab es eine Brücke zum Festland, immer mehr Touristen kamen, Spekulanten wollten Mangroven abholzen, Sümpfe trockenlegen, Parkplätze und riesige Feriensilos bauen.

Selbst das Meeresrauschen klingt hier sachter als an anderen Stränden

Sam Bailey organisierte den Widerstand. Er gründete eine Insel-Selbstverwaltung, die durchsetzte, dass Sanibel Stadtrechte bekam. Seit 1974 darf die Insel, unabhängig vom Bezirk Lee

Wie in einem Tierpark fühlt sich der Mensch auf Sanibel. Bei Kanutouren trifft man Seekühe und Delfine; der Strand liegt voller Muscheln, und die Pelikane rasten mit Vorliebe nahe den Hütten der Fischer und hoffen – wie der vorwitzige Reiher am Strand – dass irgendwann ein fetter Brocken für sie abfällt

Kühle Brause für den Panzer: Die Meeresschildkröte in der CROW-Klinik (o.) wird täglich abgeduscht, sonst wird im Pool ihr Körper schleimig. „Kein Haus höher als die Palmen" – das gilt auf ganz Sanibel. Kaum ein Bau hat mehr als ein Stockwerk

County, über sich selbst bestimmen. Flott wurden eine Reihe rigider Vorschriften erlassen: Verboten sind Werbeplakate und Fastfood-Restaurants, kein Haus darf höher sein als die Palmen. Das Tempolimit liegt bei 30 Meilen, 48 Kilometern pro Stunde, und Tiere haben – so verkünden es riesige gelbe Verkehrsschilder – grundsätzlich Vorfahrt.

Wenn eine Landschildkröte die Straße überquert, verursacht das auf Sanibel einen Riesenstau. Und die meisten Autofahrer finden es völlig in Ordnung. Vielleicht ahnen sie, dass Sam Bailey am liebsten alle Autos von der Insel verbannen würde – „höchstens ein paar Golf-Cars für Behinderte würde ich zulassen" –, aber er weiß, dass er damit wohl nicht durchkäme.

Einer seiner Fürsprecher dabei wäre Phyllis Jean Deitschel, Tierärztin bei CROW, „Clinic for Rehabilitation of Wildlife", einer Notaufnahme für verletzte Tiere. 160 Arten, vom Waschbären bis zum Fischadler, werden in der Klinik behandelt. Vögel, die aus dem Nest gefallen sind, werden zu ihr gebracht und viele Tiere, die angefahren wurden. Auch Exoten sind nicht selten: Neulich erst wurde eine Schlange eingeliefert, die zwei Golfbälle gefressen hatte. Heute morgen hat Dr. PJ ein zwei Monate altes Luchs-Baby auf dem OP-Tisch, es ist vor ein Auto gelaufen. Wird der Kleine überleben? „Ich kann es noch nicht sagen, und erst recht ist unsicher, ob es uns gelingt, ihn wieder auszuwildern", sagt Dr. PJ. Fast 2000 von ihren mehr als 4000 Patienten im Jahr können nach ein paar Wochen stationärem Aufenthalt bei CROW zurück in die Natur.

Dr. PJ operiert und therapiert mit Schulmedizin und mit chinesischen Kräutern. Gelähmte Schildkröten bekommen Krankengymnastik, halb verhungerte Gürteltiere zieht sie mit dem Fläschchen auf. „Es ist mein Traumjob", sagt die Tierärztin – und nirgends anders als auf Sanibel könnte sie ihn ausüben. Denn das CROW liegt in unmittelbarer Nachbarschaft des Reservats „J.N. ‚Ding' Darling", benannt nach einem Pionier der Naturschutzbewegung, dem Cartoonisten Jay Norwood, „Ding", Darling. 1924 und 1943 erhielt er den Pulitzer-Preis für politische Karikaturen, doch seine wahre Liebe gehörte den Tieren von Sanibel. Immer wieder kehrte er auf die Insel zurück, zeichnete und beobachtete Vögel.

291 Arten leben im nach ihm benannten Reservat, zusammen mit mehr als 45 Reptilien-Gattungen und 32 verschiedenen Säugetieren auf 2590 Hektar. Wer geduldig beobachtet, sieht das große Krabbeln überall: Auf den Luftwurzeln der Mangroven sitzen hunderte von Krabben, und wenn es im Gebüsch raschelt, steht Sekunden später ein Waschbär am Weg, der sich possierlich die Pfötchen putzt.

Auch außerhalb des Parks fühlt man sich als Besucher oft wie ein Zaungast im Paradies: Am Strand staksen rotbeinige Ibisse in Mannschaftsstärke zwischen den Handtuchlagern der Touristen herum, und weiße Reiher lauern neben den Fischern, in der Hoffnung, einen fetten Brocken zu schnorren. Wer ein paar Meter vom Ufer entfernt nach Muscheln schnorchelt, kann unvermittelt einen Schwarm Rochen kreuzen, der majestätisch durchs Wasser segelt.

Tiere haben immer Vorfahrt – selbst wenn sie dabei den Verkehr lahm legen

Es scheint, als hätten die Tiere von Sanibel keine Angst vor den Menschen, vielleicht spüren sie, wie Dr. PJ sagt, dass „fast alle hier sehr umweltfreundlich und tierlieb sind". Spätestens nach Sonnenuntergang merken das auch Touristen: Die Inseln sind nachts so finster, als wäre der Strom noch nicht erfunden. Keine Straßenlaternen, keine Fackeln auf den Terrassen, kein Leselicht am Balkon, in den Wohnzimmern nur müde Funzeln hinter dicken Vorhängen.

Das sonderbare Gebaren dient dem Tierschutz. *Caretta caretta*, die Loggerhead-Schildkröte, vergräbt ihre Eier an den Stränden von Sanibel und Captiva. Wenn die Kleinen schlüpfen, orientieren sie sich am Lichtschimmer des Horizonts, um ihren Weg ins Meer zu finden. Jede auch noch so schwache Lichtquelle könnte sie verwirren und in Richtung Land treiben. Verloren wären sie dort, mit ihrem windelweichen Panzer ein leichtes Opfer für Vögel, Waschbären und Alligatoren. Den Loggerhead-Schildkröten zuliebe ist Sanibel nachts verdunkelt, als stünde ein Angriff vom Mars bevor.

Erst wenn die stockfinstere Nacht der Morgenröte weicht, sehen Muschelsammler wie Captain Smith und seine Mom die Spuren der Meeresschildkröten. Tiefe Furchen schwerer Leiber, in den Sand gegraben von den Weibchen, die kommen, um zu laichen. Und dünne Bahnen, Hunderte nebeneinander, dort, wo es eine Generation *Caretta caretta* ins Meer geschafft hat.

„Dieser Anblick macht mich zufrieden, richtig glücklich“, sagt Captain Smith. Ein Gefühl, das nur übertroffen wird, wenn seine Mutter eine Muschel findet, die ihrer Sammlung noch fehlt. □

Anja Haegele, *die Redakteurin dieses Heftes, hat mit Captain Smith drei Kilo Muscheln gesammelt. Davon musste sie beim Rückflug zwei Kilo verschenken – ihr Koffer war viel zu schwer.*

MERIAN | TIPP

MUSCHELN SAMMELN, FISCHE FANGEN

Mit Captain Mike Smith können auch Besucher zum Muschelnsammeln auf Tour gehen. Der 52-jährige bringt Urlaubern außerdem auf Wunsch auch das Fischen bei, das er als Sieger vieler Angelwettbewerbe ausgezeichnet beherrscht. Auf Sanibel geboren, kennt Smith alles und jeden auf der Insel und liebt seine Heimat aus vollem Herzen. Das merkt man den vielen interessanten Anekdoten an, die er über das Leben hier zu erzählen hat. Das Motto seiner Touren: „Lay back and enjoy“ – „Entspann Dich und genieße!“

Mangrove Island Charters
Tel. (239) 573 34 74, ab 190 €

Foto: David Job

Es

Pa-hay-okee – „Fluss aus Gras“ nannten die Indianer die Everglades. Das Wasser fließt so langsam, dass es über einen Monat für die 320 Kilometer vom Okeechobee-See bis zum Golf von Mexiko braucht

lebe der Sumpf

Die tropische Marsch der Everglades lag im Sterben, weil Menschen versuchten, sie auszutrocknen. Jetzt soll das aufwändigste Öko-Projekt der Welt die gut 600 000 Hektar große Wildnis retten

Text: Roland Schulz

Eine Urlandschaft des Vergehens und Entstehens – alles, was abstirbt, gebiert sofort neues Leben

Der schönste Spielplatz ist Mamas Rücken. Rund eine Million Alligatoren leben in Floridas Sümpfen

Foto: Frank Marc Frey

Nur die Ranger trauen sich, Krokodile am Kinn zu kraulen. Sie begleiten Touristen auf Airboats in die Sümpfe

Am Morgen, wenn die Nebel steigen und sich sanft wie Schleier auf die Blätter der Bäume legen, betritt Mike Owen seinen Sumpf freudiger noch als sonst. Alles ist in ein gespenstisches Licht getaucht, die Farne, das Schilf, die Strünke der Zypressen, und die Wasser des Sumpfes schimmern silbern. An Tagen, an denen das Glück auf seiner Seite steht, sieht Mike Owen dann ein Spinnennetz, frisch von Tau benetzt, das wie eine glitzernde, fein gewirkte Perlenkette im Licht des Sonnenaufgangs hängt. Er findet, Augenblicke wie dieser seien Entschädigung genug für all die Abende, an denen er seine Arbeit verflucht, weil ihn die in Schwärmen fliegenden Stechmücken so sehr plagten, dass er den ganzen Tag kaum die Sonne zu sehen glaubte. Er findet, einer der magischen Morgen in den Sümpfen wiege vieles auf. „Der Morgen", sagt Owen, „ist die schönste Zeit des Tages in den Everglades."

Träge schwappen die schwarzen Wasser des Sumpfes von links und rechts heran, doch Mike Owen steht noch auf trockenem Grund, Janes Scenic Drive, ein alter Eisenbahndamm, erstreckt sich quer durch die Sümpfe des Fakahatchee Strandes. Das ist sein Land, sein Reich, sein Leben. Seit 13 Jahren ist Mike Owen der Biologe dieses Naturschutzgebietes im Südwesten Floridas, mehr als 30000 Hektar Marschland, Sumpf, Morast, in denen der Rabengeier lebt und die Königsralle, Schneesichler, Minks, Schwarzbären, ein paar Panther und aberhunderte Alligatoren. „Dieser Ort", sagt Mike Owen, „ist ein Schatz." Der 46-Jährige hat sich dem Schutz und der Pflege des Schatzes verschrieben, und wie wichtig diese Aufgabe, wie wichtig Fakahatchee Strand für ihn ist, wissen wohl nur er und seine Frau Debbie. Sie verließ ihn vor Jahren. „Sie hatte genug", sagt Mike Owen. „Sie wusste, dass Fakahatchee mein Leben ist." Er steht auf dem alten Bahndamm, ein hochgewachsener Mann in grüner Uniform, und blickt in seinen Sumpf.

Die Sonne ist stark am Morgen, rasch hat sie den Nebel vertrieben, jetzt zeigt

Lebensraum für Tausende von Arten: 2000 Pflanzen, 600 Fische und Reptilien und 350 verschiedene Vögel, zum Beispiel den Silberreiher

Foto: Gerry Ellis

Die Geisterorchidee ist die Königin der Sümpfe. Botaniker beschrieben sie bei ihrer Entdeckung als „Märchengeist, im Flug gefroren"

sich das Dickicht am Damm entlang in seinen natürlichen Farben: das finstere Grün der Schlingpflanzen, das stumpfe Grün der Farne, das schimmernde Grün des Schilfs und das satte, stolze Grün, das die Blätter der Bäume tragen, Königspalmen, Zypressen, ab und an ein Teichapfel. Mike Owen streift durch das Dickicht, starrt ins Grün, er kennt hier jeden Pfuhl. Jäh stockt er. „Hier gehen wir rein", sagt er. Er macht einen Schritt, schon steht er bis zu den Knien im Wasser. Es ist eine schmierige, schwarze Brühe, die aussähe wie starker Kaffee, wären da nicht die aufsteigenden Blasen und nicht die leichte Strömung, die winzige Wellen und Wirbel über das Wasser treibt und ihm den unheimlichen Eindruck eines lebenden Organismus gibt. Mike Owen stapft durch das Röhricht, das am Rand des Eisenbahndamms steht, tiefer und tiefer dringt er in das Grün, weiter und weiter watet er in die schwarzen Wasser.

Alles hier ist feucht, klamm, nass, auf der Rinde der Bäume leben Schwämme, Moose und Farne, hier liegt ein gefallener Stamm, noch verrottend, während auf ihm schon neues Leben sprießt, dort treiben Schösslinge aus dem Wasser, die Schlingpflanzen haben sie bereits bemerkt und schicken sich an, an ihnen emporzuranken. Jede Station des Blühens und der Verwesung ist hier zugegen. „Das ist wie im Dschungel", sagt Mike Owen. „Ich nenne die Everglades den Amazonas Floridas." Er steigt über Strünke, schlängelt sich durch Schilffelder, bewegt sich wie auf einem verwunschenen, ihm allein vertrauten Pfad. In der Luft liegt das Zirpen der Zikaden, die hier so zahlreich sind, dass ihr Singen an manchen Abenden sogar die sehnsüchtigen Rufe der Frösche übertönt, und dazu bohrt sich das schräge, nervtötende Sirren der Moskitos in die Wahrnehmung, sie sind zahlreicher noch als die Zikaden und stürzen sich unerbittlich auf jeden, der den Sumpf betritt. „Nur mich mögen sie nicht mehr", witzelt Mike Owen, Moskitos wegwedelnd. „Sie kennen mich inzwischen." Mit großer Geste umfasst er das Grün ringsherum, lässt die Wildnis wirken, sagt stolz: „West Slough. Mein Hinterhof." Dann macht er die Probe. „Wo liegt der Damm?"

Er hat sich angewöhnt, diese Frage zu stellen, wenn er Besucher mit in den Sumpf nimmt. So kann er prüfen, wie gut er sie in die Irre geführt hat. „Ich muss Besucher verwirrt halten. Sonst kommen sie wieder und stehlen die Pflanzen." Vorsichtig tritt Mike Owen um einen mannsdicken Baumstamm herum, hält inne, deutet nach oben. Ein grünes Geflecht sitzt dort auf dem braunen Stamm, unscheinbar, winzig, wie zwei, drei ineinander verschlungene Regenwürmer aus Chlorophyll. „Touchdown", sagt er leise. „Das ist ein Geist." *Polyrrhiza lindenii.* Die Geisterorchidee. Die Schönste unter diesen schönsten der Blumen. Völlig blattlos, ist die seltene Geisterorchidee das Jahr über kümmerlich anzusehen. „Doch wenn sie blüht…", sagt Mike Owen.

Als er das erste Mal eine Geisterorchidee blühen sah, wusste er, wie recht die ersten Biologen hatten, die diese Orchidee beschrieben, so blumig, als wären sie betrunken: a fairy-like ghost, frozen in flight, wie ein Märchengeist, im Fluge gefroren, so sehe *Polyrrhiza lindenii* aus. „Wer das Glück hat, eine Geisterorchidee in Blüte zu sehen", sagt Mike Owen, das grüne Geflecht betrachtend, „für den verblasst die Schönheit aller anderen Blumen für immer." Auch ein Zitat. Mike Owen sammelt sie. Wie die Fotos. Er hat Dutzende, das schönste davon, die prachtvolle weiße Blüte einer Geisterorchidee aus seinem Sumpf ziert heute den Bildschirm seines Computers. Er erquickt sich an ihr, wenn er nicht draußen im Sumpf arbeiten darf, sondern drinnen im Büro sitzen muss. Mike Owen zieht einen schmalen Notizblock aus seinem Uniformhemd, nimmt mit der Hand Maß, notiert sich Standort, Größe, Verfassung der Pflanze, er wird das später mit seinen bisherigen Daten abgleichen. Er hat in seinem Sumpf 273 Geisterorchideen gezählt, die er zum Teil seit 13 Jahren beobachtet, „es handelt sich", sagt er, „um die größte dokumentierte Population". Sein Stolz. Und seine Angst. Es gibt Menschen, die viel Geld für eine Geisterorchidee zahlen.

Es war der 21. Dezember 1993, Mike Owen hatte seine Arbeit als Biologe in Fakahatchee Strand erst wenige Monate zuvor angetreten, als einem Kollegen ein Kastenwagen auffiel, der auf Janes Scenic Drive parkte. Kurz darauf traten vier Männer aus dem Sumpf. Sie trugen Kissenbezüge und Tüten, gefüllt mit seltenen Blumen: Trichterfallen, Stumpfblättrigem Zwergpfeffer, Dutzenden Orchideenarten – darunter Geisterorchideen. 136 Pflanzen insgesamt. Die Männer wurden festgenommen, und es entwickelte sich einer der seltsamsten Kriminalfälle der Vereinigten Staaten. Der Anführer der Männer, ein Orchideenfanatiker namens John Laroche, hatte die kostbaren Pflanzen klonen wollen. Der Fall inspirierte eine Schriftstellerin zu einem Thriller, der Hollywood wiederum zum Kinofilm „Adaption – Der Orchideendieb" inspirierte, in dem der Schauspieler Chris Cooper den Bösewicht Laroche darstellte. Er bekam einen Oscar dafür. Mike Owen lacht. Er findet es skurril: In seinem Sumpf geschieht ein Verbrechen, und am Ende wird ein Hollywood-Blockbuster daraus. Owen verbrachte damals die Weihnachtsfeiertage mit dem Versuch, die den Bäu-

Die Marsch braucht ihre Zeit. Auch Menschen dürfen es in den Everglades nicht eilig haben

men entrissenen Pflanzen zu retten. Es überlebte kein Dutzend von ihnen. Er deutet zwei Bäume entfernt auf eine weitere Geisterorchidee. Er hat sie vor 13 Jahren entdeckt. Sie hat noch nie geblüht. „Vielleicht nächstes Jahr", sagt er. „Vielleicht braucht sie aber auch noch zwei, drei Jahre." Die Geisterorchidee ist ein empfindliches Geschöpf. Sie passt gut in die Everglades.

Beinahe bis zum Bauchnabel reicht Mike Owen das Wasser inzwischen, vorsichtig watet er zurück, jeden Schritt sorgfältig setzend. Einmal, vor Jahren, stocherte er in Eile mit einem Gehstock, um sicheren Grund zu finden, als plötzlich etwas die Wasseroberfläche aufriss, direkt vor ihm bäumte sich ein Alligator auf, drohend, „er war", sagt Owen, „sicher mindestens so erschrocken wie ich". Sein stochernder Gehstock war wohl auf den Schwanz des Tieres gestoßen. Mike Owen nahm es als Ratschlag. „In den Everglades", sagt er, „darf man es nicht eilig haben." Einen besseren Ratschlag, findet er, gebe es nicht für den Umgang mit dem hochempfindlichen Ökosystem. „Die Everglades sind wie ein Mosaik – ein komplexes, interaktives Mosaik an Biosystemen."

Der entscheidende Faktor dieses Mosaiks ist das, was scheinbar im Überfluss vorhanden ist: Wasser. „Das flüssige Herz der Everglades", sagt Mike Owen, fährt mit der Hand durch die brackige Brühe und lässt sie durch seine Finger laufen. Der Sumpf ist im Grunde ein gigantischer Fluss: Seit Tausenden von Jahren lief aus dem Okeechobee-See in Floridas Mitte ein steter Wasserstrom südwärts, fast 100 Kilometer breit, ohne festes Bett – und in diesem gewaltigen, flachen Fluss entstand die Sumpflandschaft der Everglades. Doch 1905 begannen die Behörden Floridas, das ihnen nutzlos erscheinende Marschland trockenlegen zu lassen. Dämme wurden gebaut, Kanäle und Schleusen. Die Folgen sind bis heute spürbar. „Die Natur", sagt Mike Owen, „ist lange um ihr Wasser betrogen worden. Wir haben ihr nicht gegeben, was sie brauchte." Die Everglades trockneten aus, selbst in geschützten Gebieten schrumpften die Sümpfe. Das einzigartige Ökosystem stand vor dem Untergang. Erst 1994 entschloss sich Florida zum Versuch, die Everglades zu retten.

Der „Comprehensive Everglades Restoration Plan" entstand, der bis heute als teuerstes und aufwändigstes ökologisches Projekt der Welt gilt: Den Everglades soll ihr Wasser zurückgegeben werden. Dämme wurden niedergerissen, längst trockengelegte Gebiete wieder geflutet. Doch die Sümpfe erholen sich nur langsam. „Die Situation hat sich verbessert", sagt Mike Owen, „aber sie ist noch nicht gut." Er stapft jetzt durch seichteres Wasser, er führt zurück, zum Damm und deutet westwärts. Dort, im nahen Picayune Strand, hatte man einst Entwässerungsgräben gebaut, die nun wieder aufgefüllt werden, um das Land erneut unter Wasser zu setzen. Doch die Marsch braucht ihre Zeit. „Wir reden über 25 bis 30 Jahre", sagt Mike Owen. Er stampft auf dem Damm auf, Wasser läuft aus seinen Schuhen, tropft von der Hose, Mike Owen schüttelt sich kurz, wie ein Hund. „Ich lebe also in einer spannenden Zeit." 16 Jahre, das hat Owen geplant, wird er noch als Biologe des Fakahatchee arbeiten. In diesen 16 Jahren, so hofft er, wird er die langsame Erholung der Sümpfe und Marschen erleben. „Es wird niemals mehr so sein, wie es war – aber wieder mehr, wie es einmal war." Schweigend lässt er den Blick über seinen Sumpf streifen. „Das", sagt er, „wäre das Comeback der Everglades." □

Roland Schulz, *Jahrgang 1976, war nach seiner Everglades-Tour derart von Mücken zerstochen, dass ein Park-Ranger ihn fotografierte – rein zu Studienzwecken, wie er sagte.*

Durch die Wildnis paddeln – unzählige, meist nur knietiefe Wasserwege durchziehen das Big Cypress National Preserve

SHOPPING

TOP FIVE

Kaufen wie im Rausch

Fabrikverkauf oder Vintage-Boutique: die besten Malls und Shoppingmeilen

Edel und teuer ist Palm Beachs Worth Avenue – perfekt für einen Schaufensterbummel

Lincoln Road Miami Beach

Definitiv die coolste Fußgängerzone Miamis. Hier trifft man Missy Elliott bei Victoria's Secret, Julia Roberts liebt die Vintage-Boutiquen, und in den exklusiven Kunstgalerien geben sich die Promis die Klinke in die Hand. Viele schicke Straßenrestaurants servieren Austern, Sushi, Cocktails, Champagner oder Frozen Cappuccino „to go". Am spannendsten ist der Besuch am frühen Abend: Nach dem Strand und vor der Party wird um die besten Plätze und Schnäppchen gewetteifert.

Lincoln Road ab Alton Road bis Washington Avenue, Miami Beach (f 2) www.southbeach-usa.com/shopping/lincoln-road/lincoln-road-shopping.htm Kernöffnungszeit tgl. 11-22 Uhr

Premium Outlets Orlando

Adrenalinstöße für Modebewusste: In den Premium Outlets wird garantiert jeder fündig, hier gibt es große Designer zum kleinen Preis: zum Beispiel Burberry, Dior und Versace für die Dame, Boss und Zegna für den Herrn, Adidas und Puma für die Kids und außerdem noch jede Menge Uhren, Parfums, Schmuck, Sonnenbrillen, Schuhe und Edles fürs Haus. Unbedingt genügend Zeit einplanen, das riesige Gelände fasst über 100 Boutiquen.

8200 Vineland Avenue, Orlando (H 5) www.premiumoutlets.com Mo-Sa 10-22 Uhr, So 10-21 Uhr

Worth Avenue Palm Beach

„It's worth it" – das lohnt sich – heißt es in Palm Beach über die edelste Einkaufsmeile Floridas. Unterschreiben können das bei den astronomischen Preisen wohl nur die Millionäre, die sich im Rolls-Royce-Cabrio oder Ferrari herchauffieren lassen – aber ein Schaufensterbummel auf der Worth Avenue lohnt sich auf jeden Fall! Denn außer den schicken Autos und ihren extravaganten Besitzern gibt es riesige Boutiquen von Nobelmarken wie Hermès, Chanel und Louis Vuitton zu sehen. Die Hinterhöfe der Worth Avenue hat Addison Mizner in den 1920er Jahren anlegen lassen, verwinkelt, mit Treppen, Brunnen und kleinen Patios, so wie er sich ein spanisches Dorf vorstellte. Mit dem echten Spanien hat das nicht viel zu tun – ist aber sehr hübsch. Restaurants, Cafés und Cocktailbars laden zur Pause ein.

Worth Avenue ab Cocoanut Row bis Hibiscus Avenue, Palm Beach (J 8), www.worth-avenue.com, Kernöffnungszeit Mo-Sa 10-17 Uhr

St. Armands Circle Sarasota

Ein Stück Europa am Golf von Mexiko. St. Armands Circle, der Kreisverkehr von Longboat Key, um den sich 130 Geschäfte, Cafés und Restaurants gruppieren, ist ein charmantes Shoppingrevier, ohne amerikanische Superlative zu bieten. Nette kleine Boutiquen, kaum Filialen der üblichen Einkaufsketten, viel Strandmode, aber auch hübsche Dinge zum Verschenken. Abends leuchten Lichter in den Palmen – allerliebst!

300 Madison Drive, St. Armands Circle Longboat Key (F 7) www.starmandscircleassoc.com, Kernöffnungszeit Mo-Sa 10-18, So 12-17 Uhr

Sawgrass Mills Sunrise

Mehr als 300 Outlets liegen in Sawgrass Mills an mediterran anmutenden Plätzen mit Springbrunnen. Auf den so genannten Food Courts wird (amerikanisiertes) Essen aus aller Welt angeboten. In den Stores von Calvin Klein, Nike, Max Mara oder Armani ist die reguläre Ware im Vergleich zu europäischen Preisen zwar nicht besonders günstig, dennoch kann man gigantische Schnäppchen machen: Alte Kollektionen werden für 15 oder 20 Prozent des Ursprungspreises verschleudert. Tipp für Schuhfreaks: Der Laden des legendären Designers Stuart Weitzman liegt ein wenig versteckt rechts des Eingangs 2. Die Suche lohnt sich! Auf keinen Fall abfahren, bevor Sie ihn gefunden haben…

12801 W. Sunrise Boulevard, Sunrise (J 9), www.sawgrassmills.com Mo-Sa 10-21.30, So 11-20 Uhr

Die Koordinaten (G 5) beziehen sich auf die MERIAN-Karten im Serviceteil.

Gesegnete Unterwasserwelt: Sieben Meter unter dem Meeresspiegel ist im John-Pennekamp-Riff eine Christusstatue verankert

AKTIV

TOP FIVE

Bewegung ist alles

Action und Abenteuer – die spannendsten Touren zu Land und auf dem Wasser

Schnorcheln im Korallenriff

Jeden Tag blicken die Kapitäne der Schnorcheltourboote in glückliche Gesichter. Denn jeder klettert nach dem Schnorcheln im John-Pennekamp-Korallenriff fasziniert zurück ins Boot. Rund 90 Minuten sind die Schnorchler im warmen Wasser – und alle wären gern noch länger geblieben. Nur ein paar Flossenschläge vom Boot entfernt ist man umringt von gepunkteten und gestreiften, gelben, roten und grünen Fischen. Im kristallklaren Wasser flitzen sie über die gewundenen Hirn- und Hirschgeweihkorallen hinweg – ein Unterwasserparadies!

John Pennekamp Coral Reef State Park MM 102,5, Key Largo (J 10) www.pennekamppark.com, tgl. 8 Uhr bis Sonnenuntergang, Parkeintritt 2,80 € Schnorcheltour: 9, 12 und 15 Uhr, 23 €

Radeln in den Everglades

Zehn Fuß Abstand zu den Alligatoren soll man halten, das sind gut drei Meter. Was aber, wenn die Straße vier Meter breit ist, rechts ein Baby-Gator am Wegrand liegt und links von der Mitte die fette Mama? Radeln durch die Everglades ist ein Abenteuer! 24 Kilometer lang ist die Rundtour bei Shark Valley – unterwegs in der feuchten Hitze sieht man Vögel, Waschbären, Schildkröten und (zum Glück) weniger Moskitos als befürchtet, wahrscheinlich werden sie von den Schweinsfröschen vertilgt, die laut aus allen Richtungen quaken. Auf halber Strecke ist ein Aussichtsturm – und der Blick über den „Fluss aus Gras“ entschädigt für alle Mühen!

Shark Valley Visitor Center, an der US 41 (H 9), www.nps.gov/archive/ever/visit/tramroad.htm, Dez.-März 8.30-18 Uhr Apr.-Nov. 9.15-17.15 Uhr Eintritt in den Park: 4 €

Angeln auf den Keys

Der Vorteil des ufernahen „Backcountry-Fishing“ gegenüber dem Hochseeangeln: Viel Fortüne ist nicht nötig, irgendein Fisch beißt immer. Die Kapitäne wissen, wie sie einen guten Fang anlocken. Dabei ist der Kampf mit einem kapitalen Tarpon nicht zu unterschätzen. Kamera nicht vergessen, denn selbst wenn es „nur“ ein beinlanger, leider ungenießbarer Barrakuda ist, muss ein Beweisfoto her, bevor er wieder ins Wasser darf.

Robbie's Marina, MM 77,5, Islamorada (H/J 11), Tel. (305) 664 98 14 www.robbies.com, Backcountry-Fishing-Touren ab 270 € (4 Stunden)

Kajaktour durch Mangroven

Ranger David Lombardi spricht wie ein Wasserfall. So schnell, dass man bei seinen spannenden Storys das Paddeln vergessen kann. Er erzählt von den Mangroven, die im Salzwasser wachsen, und von mehr als 220 Vogelarten, die hier leben. Vom Grünreiher zum Beispiel, einem listigen Gesellen: Er rupft sich eine Feder aus und hält sie übers Wasser, damit die Fische denken, es sei ein Käfer. Wenn sie an die Wasseroberfläche schwimmen, schnappt der Reiher zu. Man kann ihn sehr gut dabei beobachten, denn er frisst täglich das Zehnfache seines Körpergewichtes. Und lässt sich nicht von den Delfinen und Seekühen stören, die paddelnden Touristen Freudenschreie entlocken.

Tarpon Bay Explorers, 900 Tarpon Bay Rd., Sanibel (G 8), Tel. (239) 472 89 00 www.tarponbayexplorers.com tgl. 8-17 Uhr, Kajaktour 23,90 €

Surfen in Cocoa Beach

Ein Florida-Urlaub ohne Surfen ist undenkbar! Das Top-Revier am Atlantik ist Cocoa Beach, wo Ron Jons Surfschule seit 40 Jahren Kurse anbietet. Man lernt viel über Sicherheit und Wellen sowie mehrere Paddel- und Stehtechniken.

Ron Jon Surfing School, 150 East Columbia Lane, Cocoa Beach (H/J 5) Tel. (321) 799 88 20 www.cocoabeachsurfingschool.com tgl. 9-17 Uhr, Surfkurs ab 55,70 €

Text: Susanne Weingarten

Unser kleines Ghetto

Städte für Reiche, Rentner, Golfer, Homosexuelle oder Katholiken haben Hochkonjunktur. Wer es sich leisten kann, sucht das Glück hinter Gittern

Irgendwann gelangt Truman Burbank bis an den Rand des Städtchens, in dem er sein ganzes Leben verbracht hat – und entdeckt, dass es an einer Wand endet. Das Städtchen ist nichts weiter als die Kulisse für eine Reality-Show, und der unwissentliche Hauptdarsteller ist Truman selbst.

Die Kulisse für den Hollywood-Film „Die Truman-Show" war vor zehn Jahren Seaside, ein Strandort weit oben im Nordwesten Floridas. Mit seinen blitzblanken Holzhäuschen und Straßen ist Seaside eine perfekte Scheinwelt: die idealisierte Fassung einer Kleinstadt, eine geschmackvolle Idylle, aus der alle hässlichen Seiten des amerikanischen Alltags verbannt wurden. Seaside sei ein „happy place", sagt Lucy Armour, Verkäuferin in einer der kleinen, teuren Boutiquen, und lächelt dazu.

Anfang der achtziger Jahre begann der Bauunternehmer Robert Davis, Seaside auf einem 32-Hektar-Areal aus dem Boden zu stampfen. Wo vorher nur Sand und Gestrüpp waren, legte er einen Fächer von Wohnstraßen an, eine Geschäftszeile, eine Kirche, Parks und Strandzugänge. Davis hatte Ideale für seine Retortensiedlung: Die Architektur sollte bewährte Baustile der Südstaaten aufnehmen; die Bürger von Seaside sollten überallhin zu Fuß gehen und mit ihren Nachbarn über weiße Gartenzäune hinweg plauschen; es sollte Wohnraum für alle geben, egal ob arm oder reich, weiß oder schwarz.

Mit diesen Ideen wurde Seaside zum Ausgangspunkt einer bis heute einflussreichen Stadtplanungsbewegung, des New Urbanism, der aufräumen wollte mit der weit verbreiteten Einförmigkeit und Autoabhängigkeit amerikanischer Vororte. Menschen verschiedener Schichten sollten wieder wie früher gemeinsam an einem Ort wohnen, arbeiten und einkaufen. Als Vorbild ist Seaside ein großer Erfolg. „Unsere Anlage ist in der ganzen Welt kopiert worden", sagt Russ Gilbert stolz, der hier eine Glaskunst-Galerie betreibt.

Trotzdem ist das Städtchen nur eine Kulisse des echten Lebens, denn hier findet es nicht statt. Seaside ist so populär bei Touristen, dass die meisten Hausbesitzer nur ein paar Wochen im Jahr hier verbringen und ihr Eigentum ansonsten vermieten – das bringt leicht verdientes Geld. Viele betuchte Familien kommen jeden Sommer wieder, weil sie ihre Kinder hier gut aufgehoben wissen und sich ein paar Wochen lang dem Traum vom alten Amerika hingeben können. „Im vergangenen Jahr habe ich mit der Vermietung etwa 100 000 Dollar verdient", sagt der Geschäftsmann Bill Dawson.

Das Städtchen Seaside am Golf von Mexiko war Ausgangspunkt des New Urbanism und die perfekte Kulisse für den Film „Die Truman Show“

Bei den astronomischen Immobilienpreisen wohnen nur noch die Reichen dort, wo Platz für alle sein sollte – wer in Seaside arbeitet, kann es sich nicht mehr leisten, dort zu leben. „Wir haben kläglich versagt, was den Bestand an bezahlbarem Wohnraum angeht“, sagt Seaside-Erfinder Robert Davis. Die Ladenbesitzer, Verkäufer, Handwerker, Kellner und Putzfrauen wohnen in Nachbarorten am Highway 30-A. Und außerhalb der Saison wirkt Seaside leer: eine Ferienkulisse.

Davis' Traumstädtchen ist ein extremes Exempel dafür, dass im angeblichen Schmelztiegel Amerika die Bevölkerungsgruppen immer seltener verschmelzen. Stattdessen entscheiden sich viele Amerikaner für einen Wohnort, in dem sie nur auf Menschen treffen, die denselben Lifestyle pflegen wie sie selbst – und so dividiert sich das Land auseinander nach Altersgruppen, Hobbys (ganz groß: Golf!), Wohlstand, Hautfarbe, Glauben oder gar sexueller Präferenz. Es gilt die Devise: Gleich und gleich gesellt sich gern, die Menschen ziehen in freiwillige Ghettos der Konformität.

Gefördert wird dies von Bauunternehmern, die neue Siedlungen am Reißbrett planen und dann innerhalb weniger Monate hochziehen. Die Größe dieser *planned communities* reicht von einzelnen Wohnanlagen über ganze Häuserviertel bis zu völlig neuen Ortschaften. Infrastruktur und Angebot werden gezielt auf die Ansprüche einer bestimmten Kundengruppe zugeschnitten. Wer zwischen Tallahassee und Miami unterwegs ist, sieht an den Highways dauernd Plakatwände, die neue Siedlungen für Golfer, Bootsbesitzer oder Rentner bewerben – und den jeweiligen Preisrahmen („Häuser mit Seeblick zwischen 250 000 und 350 000 Dollar“) ganz unverblümt nennen.

„Hier kümmern sich alle um ihren Rasen, und nirgendwo liegt Spielzeug im Garten herum“

Weil Florida Ruheständler aus den ganzen USA anlockt, entstanden hier einige der ersten Siedlungen, die speziell für Rentner gedacht sind. In Sun City Center etwa, 1962 gegründet, darf sich niemand unter 55 eine Wohnung kaufen, Besuche von Jugendlichen sind streng reglementiert. Willkommen in der heilen Welt der Ruheständler! Auf dem Parkplatz des Einkaufszentrums von Sun City Center hat man zuerst nur einen vagen, unbehaglichen Eindruck: Hier stimmt etwas nicht. Aber was? Es dauert eine Weile, bis auffällt: Hier fehlen die Kinder, die jungen Leute, selbst die Mittvierziger-Matronen, die man sonst überall beim Einkaufen sieht. Es ist, als hätte eine spezielle Bombe alle unter 55-Jährigen ausradiert.

Sun City Center, nicht weit von Tampa gelegen, ist eine der größten Rentnersiedlungen der USA. Fast 25 000 Menschen verbringen hier ihren Lebensabend mit Töpfern, Aqua-Aerobic oder freiwilligem Einsatz bei der lokalen Sicherheitspatrouille – fern ihrer Heimat und Familien, umgeben nur von Gleichaltrigen. „Die acht Jahre, seit ich hergezogen bin, waren die besten meines Lebens“, sagt der ehemalige Autohausangestellte Waren van Gelder, 70. „Ich finde die Freiheit großartig, alles tun zu können, was ich will.“ Er führt stolz über den „Campus“: ein Gemeindezentrum mit Hobby-Werkstätten, einer Bibliothek, Tagungsräumen, Schwimmbecken und einem Fitnessraum.

„Ich genieße das Gefühl, nur von Erwachsenen umgeben zu sein“, sagt Jane Keegan, 60, die 2004 aus Indiana hergezogen ist. „Ich habe jahrzehntelang an einer öffentlichen Highschool unterrichtet, und mir reichte der Umgang mit den Teenagern. Hier kümmern sich alle um ihren Rasen, und nirgendwo liegt Spielzeug im Vorgarten herum. Es ist einfach anders als in einer normalen Stadt.“

In vieler Hinsicht allerdings ähnelt Sun City Center sehr einer normalen amerikanischen Stadt. Die Anlage folgt genau jenem gängigen Planungsmodell der Nachkriegszeit, das der New Urbanism bekämpfen wollte: Am Highway, der die Stadt durchschneidet, finden sich Einkaufszeilen, und links und rechts davon erstreckt sich ein weitläufiges Labyrinth von Wohnstraßen, in denen Dutzende gepflegter, fast identischer Einfamilienhäuser nebeneinander liegen. Es gibt ältere und neuere Siedlungen, günstigere mit Bungalows und teurere mit Villen – die Adresse verrät alles über den Kontostand. Ohne Fahrzeug überlebt man hier nicht, die einzige Alternative zum Autofahren besteht darin, mit dem Golfwägelchen durch die Straßen zu juckeln.

Dennoch: Jane Keegan erlebt ihren Alltag als „permanenten Urlaub“. Das Wetter ist warm, Wohnraum – bei Preisen ab etwa 100 000 Dollar – erschwinglich; und rund 800 Angestellte des Bauunternehmens sorgen dafür, dass die heile Welt von Sun City Center keine Kratzer bekommt. Sie mähen Rasen, reinigen Pools und flicken Schlaglöcher in den Straßen.

Stört die Bewohner nicht manchmal, dass sie nur noch andere Alte sehen? „Doch, junge Menschen um mich zu haben, vermisse ich am meisten“, sagt Loraine Engquist, 79, die aus der Nähe von Los Angeles herkam. „Als ich hergezogen bin, habe ich vier Nachbarn innerhalb eines ein-

Der Postbeamte hat den schönsten Arbeitsplatz in Seaside. Im Modellstädtchen zu leben, kann er sich aber nicht leisten – die Mieten sind zu hoch

Das alles abgeschirmt vom Rest der Stadt: Wilton Station ist eine „gated community", in die man nur nach einer Kontrolle an den Eingangstoren hineinkommt. Angesichts der traditionellen Diskriminierung von Schwulen entbehrt das nicht der Ironie.

Lange mussten sie ihren Lebensstil verstecken, und jetzt, da sie offen und weitgehend anerkannt leben könnten, ziehen sie auf eigenen Wunsch in eine durchgestylte Edelenklave. Was die Wilton-Station-Bewohner als Komfort ansehen, empfinden andere Schwule als Selbstausgrenzung – und, wie der Autor Michelangelo Signorile sagt, „als ein bisschen wahnhaft. Es ist, als würden sie ein gigantisches stilles Kämmerlein bauen, in dem sie sich verkriechen."

Für später ist übrigens schon vorgesorgt: Inzwischen gibt es erste Rentnersiedlungen nur für Schwule und Lesben, weitere sind geplant. Doch der „Sunshine State" hat auch Platz für ganz andere Lebensformen. Wer eher auswandern würde, als nach Wilton Manors zu ziehen, wird sich vielleicht in Ave Maria wohlfühlen: einer erzkatholischen Reißbrettstadt, die – samt katholischer Universität und Gotteshaus – gerade vom schwerreichen, strenggläubigen Unternehmer Thomas Monaghan in der Nähe von Naples erbaut wird. Im Sommer 2007 sollen die ersten Bewohner einziehen, Schäfchen in Monaghans Herde, die seine konservativen Familienwerte teilen und erfreut darüber sind, dass es Verhütungsmittel und Pornografie vor Ort wohl nicht geben wird. (Verbieten darf Monaghan sie nicht.) 11 000 Haushalte soll Ave Maria einmal zählen, und schon befürchten Kritiker, dass hier ein Hort des fanatischen Katholizismus entsteht, in dem die Trennung von Staat und Kirche ausgehebelt wird.

Ave Maria will seine konservativen Werte dadurch festigen, dass es die liberalen Stadtplanungsideen des New Urbanism aufgreift. „Es soll eine echte Gemeinschaft werden", verkündet die Online-Werbung, „wo Nachbarn sich um Nachbarn kümmern, Freundschaften über Generationen wachsen und wo jeder Anwohner, Student und Arbeiter stolz auf seine Stadt ist." Robert Davis, der Seaside-Gründer mit seinem Ideal einer für alle offenen, bunt gemischten Stadt, kann sich da wohl nur noch bekreuzigen. □

zigen Jahres verloren, und das war deprimierend", sagt Warren van Gelder. „Aber dann habe ich gedacht: Sie waren Mitte achtzig, sie hatten ein gutes Leben und haben vielleicht die letzten zwei Jahrzehnte hier auf dem Golfplatz verbracht – irgendwann muss man abtreten." Dieses Ableben möglichst lange hinauszuzögern, ist das Ziel von überdurchschnittlich vielen Ärzten. Auch auf Nachlassverwaltung spezialisierte Rechtsanwälte verdienen gut im Rentnerparadies.

Der Zugang zu den „gated communities" ist streng kontrolliert. Isolation wird zum Luxus

Kinder sind auch in Wilton Manors, einer Kleinstadt nahe Fort Lauderdale an der Atlantikküste selten. Seit sich in den vergangenen Jahren hier viele Homosexuelle niedergelassen haben, ist die Zahl der Kneipen, Cafés und Bars mit gut aussehenden Kellnern stark gestiegen. Wohlhabende Schwule sind auch die Zielgruppe einer Wohnanlage, die gerade eingeweiht wurde: Auf dem Gelände einer ehemaligen Brauerei ist ein „Wilton Station" getauftes Karree mit 272 Wohnungen und Stadthäusern entstanden: standardisiert und so geschmackvoll, wie solche Retortenanlagen nur sein können. In der Werbung verzichtet die Anlage zwar darauf, ihre Schwulenfreundlichkeit zu betonen, doch dies wohl vor allem, um nicht das Geschrei ultrakonservativer Gruppen auf sich zu ziehen. Tatsächlich sind die Bewohner „zur großen Mehrzahl Homosexuelle", sagt der Makler Drew Hershey, der im Verkaufscenter der Anlage arbeitet. Eine genaue Prozentzahl kann er nicht nennen: „Wir haben ja nicht mit allen geschlafen."

Auch hinter Wilton Station steht das Wirtschaftskalkül eines Bauunternehmens: Seit Schwule die unscheinbaren 60er-Jahre-Bungalows renoviert, Geschäfte und Restaurants eröffnet und sich in der Lokalpolitik engagiert haben, ist das einst heruntergekommene, von Drogenhandel und Kriminalität bedrohte Wilton Manors aufgeblüht, das Städtchen gilt als Vorbild für Toleranz. Schwulsein sei „kein Thema hier, das gefällt mir", sagt Ross Carson, ein Anästhesist, der vor vier Jahren mit seinem Partner hierher zog.

In diesem Umfeld lag es nahe, eine gehobene Wohnanlage für Homosexuelle zu konzipieren – die erste in den Vereinigten Staaten. Wer sich hier einkauft, ist in der Regel in seinen Vierzigern oder Fünfzigern und legt durchschnittlich 450 000 Dollar für ein neues Heim auf den Tisch, das neben Wohnraum auch zwei Hundeparks und die Zugehörigkeit zu einer „anspruchsvollen Gemeinschaft" samt Fitnessclub bietet.

Bildnachweis

Anordnung im Layout: o=oben, u=unten, r=rechts, l=links, m=Mitte.

Titel: Jörg Modrow/laif; S. 3 ro Gerald Hänel, rm Anja Haegele; S. 4 Modrow; S. 4/5 Harvey Lloyd/gettyimages; S. 5 Hänel; S. 6 0 Louie Psihoyos/Corbis, m Modrow/laif, u Christine Steimer/ Okapia; S. 8 o Nelson Medina/SPL/ Focus, m Catherine Karnow/Focus; S. 10 or Haegele, u Hulton Archive/ gettyimages; S. 12/13 Samuel Zuder/ laif; S. 14/15 Michael Melford/gettyimages; S. 16-19 Hänel; S. 20/21 Guido A. Rossi/ tips/bildagentur-online; S. 22, 23 Hänel; S. 24/25 Modrow/laif; S. 26 R. Schmid/ Huber/ picture-alliance; S. 27 Hänel; S. 28/29 Alan S. Maltz; S. 30 Andy Newman/ AP;S. 32 Alex Gore/alamy; S. 33 Hänel; S. 34/35 Hänel; S. 36/37 Modrow/laif; S. 38 Hänel; S. 39 o Patrick Frilet/Hemispheres/Focus, u Hemispheres/laif; S. 40-43 Hänel; S. 44/45 Modrow/laif; S. 46 Hänel; S. 48, 50 O. F. Ellingvag/Dagens Naringsliv/ Corbis; S. 52 StockTrek/gettyimages; S. 54 l Joe Skipper/Corbis, r Lynn Sladky/ AP; S. 55 l NOAA/AP, Chris Sattlberger/ Anzenberger;S. 56 o Hillery Smith Garrison/ AP; S. 56/57 National Geographic/ Rosenstiel School of Marine and Atmospheric Science, University of Miami; S. 58 Dave Martin/AP; S. 60 Hänel; S. 61 l Haegele, r Christian Heeb/laif; S. 62 Conrad Piepenburg; S. 62 Hänel; S. 64 Piepenburg; S. 64/65 Hänel; S. 65 Piepenburg; S. 66/67 Modrow/laif; S. 67 o Piepenburg, u Hänel; S. 69 Hänel; S. 70 l Granger Collection/Ullsteinbild, r Bettmann/Corbis; S. 71 Modrow/laif; S. 72 Dorothea Schmid/Bilderberg; S. 73 l David Lyons/alamy, r Jeff Greenberg/ alamy; S. 74-78 Hänel; S. 81 l Chr. Heeb/ laif; S. 84 , 84/5 o Hänel; S. 84/85 u Haegele; S. 85 Hänel; S. 86 u Hänel; S. 86 o, 87 Haegele; S. 88/89 David Job/ gettyimages; S. 90/91 Franz Marc Frei; S. 92 o Modrow/laif, u Hemispheres/laif; S. 93 Gerry Ellis/gettyimages; S. 94 Maresa Pryor; S. 95 Frei; S. 96 Haegele; S. 97 Stephan Frink/alamy; S. 100/101 Steven Brooke; S. 102 Hänel; S. 105 IFA-Bilderteam; S. 106 gettyimages; S. 107, 108 Modrow/laif; S. 109 Zuder/ laif; S. 110 Melanie Jahr; S. 110/111, 111 o Haegele; S. 111 u Hendrik Holler; S. 112 , 114/115 Frei; S. 115 Haegele; S. 116 Modrow/laif; S. 118 Apply Pictures/alamy; S. 118/119 Peter Adams/ alamy; S. 120, 121, 122 Hänel; S. 126 Hulton Archive/gettyimages; S. 130 l, ro Arthur F. Selbach, ru Richard Hörmann/ Vorarlberg Tourismus.

Art-déco-Hotels am Ocean Drive in Miami Beach, fotografiert von Jörg Modrow

MERIAN

Heft 01/2007, Januar, Erstverkaufstag dieser Ausgabe ist der 14. 12. 2006
MERIAN erscheint monatlich im Jahreszeiten Verlag GmbH, Poßmoorweg 2, 22301 Hamburg
Tel. 040/27 17-26 00, Fax 040/27 17-26 28 **Anschrift der Redaktion:** Poßmoorweg 2, 22301 Hamburg
Postfach 130444, 20139 Hamburg, E-Mail: Redaktion@Merian.de, Tel. 040/27 17-0
Website: www.merian.de **Leserservice:** Postfach 601220, 22212 Hamburg
Tel. 040/87 97 35 40, Fax 040/27 17-20 79 **Syndication:** www.jalag-syndication.de
GourmetPictureGuide: Stefanie Lüken, Tel. 040/271 720 02, Fax 040/27 17 20 89, www.gourmetpictureguide.de

Herausgeber: Manfred Bissinger
Chefredakteur: Andreas Hallaschka
Art Directorin: Sabine Lehmann **Chef vom Dienst:** Tibor M. Ridegh
Redakteure: Roland Benn (freie Mitarbeit), Anja Haegele (freie Mitarbeit), Thorsten Kolle (freie Mitarbeit), Kathrin Sander, Charlotte von Saurma **Schlussredaktion:** Tibor M. Ridegh, Jasmin Wolf
Layout: Beke Jürgensen, Ingrid Koltermann, Dorothee Schweizer (stellv. Art Directorin)
Bildredaktion: Hanni Rapp, Eva M. Ohms, Lars Lindemann (freie Mitarbeit)
Redakteurin dieses Heftes: Anka Haegele **Bildredakteur dieses Heftes:** Hanni Rapp
Kartographie: Peter Münch **Dokumentation:** Jasmin Wolf, Sebastian Schulin (freie Mitarbeit)
Andrea Wolf (freie Mitarbeit) **Mitarbeit:** Helmut Golinger, Melanie Jahr, Susanne Strätz
Herstellung: Karin Harder **Redaktionsassistenz:** Sabine Birnbach, Katrin Eggers
Geschäftsführung Premium Magazine: Peter Rensmann **Verlagsleitung Premium Magazine:** Oliver Voß
Group Head Anzeigen Premium Magazine: Roberto Sprengel **Anzeigenleitung:** Christel Janßen
Anzeigenstruktur: Patricia Hoffnauer **Marketing:** Kenny Machaczek, Ulrich Rieger, Sonja Wünkhaus
Vertriebsleitung: Jörg-Michael Westerkamp (Zeitschriftenhandel), Frank H. Häger (Buchhandel)
Verantwortlich für den redaktionellen Inhalt: Andreas Hallaschka
Verantwortlich für Anzeigen: Roberto Sprengel

Verlagsbüros Inland:
Hamburg: Tel. 040/27 17-25 95, Fax -25 20, E-Mail: vb-hamburg@jalag.de
Berlin: Tel. 030/80 96 23-60, Fax -70, E-Mail: vb-berlin@jalag.de
Hannover: Tel. 0511/85 61 42-0, Fax -19, E-Mail: vb-hannover@jalag.de
Düsseldorf: Tel. 0211/901 90-0, Fax -19, E-Mail: vb-duesseldorf@jalag.de
Frankfurt: Tel. 069/97 06 11-0, Fax -44, E-Mail: vb-frankfurt@jalag.de
Stuttgart: Tel. 0711/966 66-520, Fax -22, E-Mail: vb-stuttgart@jalag.de
München: Tel. 089/99 73 89-30, Fax -44, E-Mail: vb-muenchen@jalag.de

Repräsentanzen Ausland:
Basel: Intermag AG, Tel. +4161/275 46-09, Fax -10, E-Mail: info@intermag.ch
London: The Powers Turner Group, Tel. +44 20/7630 99 66 Fax 76 30 99 22, E-Mail: cweiss@publicitas.com
Mailand: Media & Service International Srl, Tel. +39 02/48 00 61 93, Fax 48 19 32 74, E-Mail: info@it-mediaservice.com
Paris: International Magazine Company, Tel. +331/53 64 88 91, Fax 45 00 25 81, E-Mail: imc@international.fr
Madrid: Alcála Media International Media Representation, Tel. +34 91/326 91 06, Fax -07, E-Mail: alcalamedia@retemail.es
Wien: Publimedia Internationale Verlagsvertretungen GmbH, Tel. +43 1/21530, Fax 2121602,
E-Mail: ppn-vienna@publicitas.com
New York: The Russell Group Ltd., Tel. +12 12/213 11-55, Fax -60, E-Mail: info@russellgroupltd.com

Die Premium Magazin Gruppe im Jahreszeiten Verlag

A&W Architektur&Wohnen COUNTRY DER FEINSCHMECKER WEIN Gourmet MERIAN

Gültige Anzeigenpreisliste: Nr. 38

Preis im Abonnement im Inland monatlich 6,37 € inklusive Zustellung frei Haus. Der Bezugspreis enthält 7 % Mehrwertsteuer. Auslandspreise auf Nachfrage. Postgirokonto Hamburg 132 58 42 01 (BLZ 200 100 20)
Commerzbank AG, Hamburg, Konto-Nr. 611657800 (BLZ 200 400 00)
Führen in Lesemappen nur mit Genehmigung des Verlages. Printed in Germany

Weitere Titel im Jahreszeiten Verlag: Für Sie, petra, vital, PRINZ, A&W Architektur & Wohnen, COUNTRY, DER FEINSCHMECKER, WEINGourmet, schöner reisen, ZUHAUSE WOHNEN, selber machen
Litho: Alphabeta Druckformdienst GmbH, Hamburg. Druck und Verarbeitung: heckel GmbH, Nürnberg,
ISBN: 978-3-8342-0701-2, ISSN 0026-0029 MERIAN (USPS No. 011-458) is published monthly.
The subscription price for the USA is $ 110 per annum. K.O.P.: German Language Publications, Inc., 153 South Dean Street, Englewood NJ 07631. Periodicals postage is paid at Englewood NJ 07631, and at additional mailing offices. Postmaster: send address changes to: MERIAN, German Language Publications, Inc. 153 South Dean Street, Englewood NJ 07631.

JAHRES ZEITEN VERLAG
100 JAHRE GANSKE VERLAGSGRUPPE

Ein Unternehmen der
GANSKE VERLAGSGRUPPE

TEXTE Jan Biener, Oliver Gerhard, Anja Haegele, Rasso Knoller, Susanne Strätz REDAKTIONSSCHLUSS November 2006

REISE SERVICE

MERIAN

SEHENSWERT KULTUR ESSEN + TRINKEN ÜBER NACHT LITERATUR AKTIV GESCHICHTE

Smathers Beach ist der schönste und mit gut drei Kilometern auch längste Strand von Key West. Der feine Sand wird jedes Jahr neu aufgeschüttet. Hartnäckig hält sich das Gerücht, dass er von den Bahama-Inseln kommt

TOP TIPPS Was Sie in Florida auf keinen Fall versäumen sollten:

* **Everglades** Der „Fluss aus Gras" ist ideal zum Paddeln, Wandern und Beobachten von Vögeln und Alligatoren.
* **Art Deco District** Architektonische Perlen aus den 1930er Jahren. In vielen der charmanten alten Häuser in Miami Beach kann man übernachten – sie sind heute Hotels.
* **John Pennecamp State Park** Paradiesische Zustände unter Wasser. Der beste Tauchspot Floridas.
* **Sunset Celebration am Mallory Square** Romantik in Key West: Hier wird jeden Abend mit Drinks und Shows der Sonnenuntergang gefeiert.
* **Sanibel Island** Die Strände der Insel an der Golfküste sind übersät von Muscheln – und jeden Tag kommen neue dazu.
* **Weeki Wachee** Das Unterwasserballett der Meerjungfrauen ist herrlich altmodisch und märchenhaft schön.
* **Orlando** Loopings und Sensationen: In den Vergnügungsparks mit ihren wilden Achterbahnen und perfekten Shows kann jeder nochmal Kind sein.
* **Manatis** Kolosse zum Liebhaben: Eine Schnorcheltour zu den Seekühen im Crystal River ist ein ergreifendes Erlebnis.
* **St. Augustine** Geschichte zum Anfassen: Spanische Kolonialherren hinterließen eine faszinierende Architektur in der ältesten Stadt der USA.
* **Ybor City** Das lateinamerikanisch geprägte Zigarrendreherviertel Tampas ist voll von gemütlichen Bars und kleinen Geschäften.

Im Biltmore Hotel in Coral Gables logieren nur die Super-Reichen. Aber einen Drink an der luxuriösen Bar sollte sich jeder gönnen!

MERIAN | HEIRATEN

Ja, ich will

Pauschalangebote für die Trauung in Florida

Barfuß am Strand heiraten, das Jawort vom Rauschen der Wellen untermalt – für viele Paare der Traum vom Glück. In Florida ist er leicht zu erfüllen, mit All-Inclusive-Service, bequem im Reisebüro zu buchen. Beim Pauschal-Angebot **Heiraten am Strand** von TUI beispielsweise gibt es eine deutschsprachige Agentur am Ort, die alles organisiert. In der Stretch-Limousine geht es zum Strand am **Ocean Drive,** wo der Standesbeamte die Trauung in **deutscher Sprache** vollzieht.
Liebesrausch mit Nervenkitzel garantiert das Heiraten beim **Parasailing** in 300 Metern Höhe. Auch eine Hochzeit mit **Delfinen als Trauzeugen** ist möglich, oder man gibt sich, als **Prinz und Prinzessin** verkleidet, in **Disneyland** das Ja-Wort. Paare mit einem Faible für **Ernest Hemingway** lassen sich in seinem Garten in **Key West** von einem Doppelgänger vermählen. Oder, besonders exklusiv: einfach eine **Insel mieten**.
Wer ohne die Unterstützung eines Pauschalanbieters heiraten will, beantragt im jeweiligen **County Courthouse** eine **Marriage License** (ca. 70 Euro). Damit die Eheschließung auch in Deutschland gültig ist, braucht man eine so genannte **Apostille** (15-25 Euro), die später beim deutschen Standesamt vorgelegt werden muss.

Heiraten am Strand, barfuß, das Rauschen der Wellen als musikalische Untermalung – in Miami beinahe alltäglich

Heiraten am Strand www.tui.com, 730 € ohne Flug und Hotel Heiraten beim Parasailing www.weddingsonawhim.com, ab 570 € Heiraten mit Delfinen www.hawkscay.com/weddings/inforequest.asp, ab 1600 € Hochzeit auf der Privatinsel www.suncoastwedding.com, ab 470 € Heiraten in Disneyland www.disneyweddings.com, Disney's Weddings Department, Tel. (407) 828-34 00, ab 2350 € Hemingway-Hochzeit www.hemingwayhomeweddings.com, ab 800 €

INFORMATION

Miami ist zusammen mit Miami Beach das meistbesuchte Reiseziel Floridas. Sonne, Strand und das Nachtleben locken die Touristen. Die Stadt ist von den Einwanderern aus Kuba geprägt. Miami Beach, auf einer Insel vor Miami direkt am Strand gelegen, ist wegen seiner perfekten Infrastruktur ideal für Urlauber.

STADTTEILE

Coconut Grove

Einer der ältesten Stadtteile. Einst lebten hier die Bediensteten aus Coral Gables. In den 60er Jahren zogen Künstler und Aussteiger hierher. Am Cocowalk liegen viele gute Restaurants und Geschäfte.

(c 3) **Villa Vizcaya**
Ein Stück Italien in Florida. Die Villa wurde Anfang des 20. Jahrhunderts von Multimillionär James Deering erbaut. Die Kunstwerke und Antiquitäten sind Originale aus Europa.
3251 S Miami Avenue
www.vizcayamuseum.org
9.30-16.30 Uhr, 10 €

Coral Gables

Schönstes Villenviertel Miamis. George Merrick gründete den Ort 1925 und wollte, dass alles so aussieht wie in Südeuropa. Zentrum des Ortes ist die Miracle Mile zwischen der 37th und 42nd Avenue.

(a 3) **Biltmore Hotel**
Sehenswertes, 1926 erbautes Luxushotel mit dem größten Hotelpool Nordamerikas. Die prachtvolle Lobby und die Bar dürfen auch Nicht-Hotelgäste nutzen, die Drinks sind vorzüglich! Die Liste der Hotelgäste reicht von Al Capone bis Prinz Albert von Monaco.
1200 Anastasia Avenue
www.biltmorehotel.com

(a 3) **Venetian Pool**
Der Venetian Pool entstand in den 20er Jahren in einem ehemaligen Steinbruch. Künstliche Höhlen, Wasserfälle und Statuen machen ihn zum einzigen Schwimmbad der USA, das im National Register of Historic Places steht.
2701 DeSoto Drive
www.venetianpool.com
Mo-Fr 11-17.30 Uhr
Sa, So 10-16.30 Uhr, 8 €

Downtown

Bis vor wenigen Jahren war Downtown Miami eine Bürostadt, die man nicht sehen musste. Tagsüber ist das Zentrum inzwischen einen Ausflug wert.

(c/d 2) **Bayside Marketplace**
Am späten Nachmittag und Abend trifft man sich am Bayside Marketplace, einer Shopping- und Restaurantmeile am Wasser. Von hier legen viele Rundfahrtboote ab.
401 Biscayne Boulevard
www.baysidemarketplace.com
Mo-Fr 10-22, Sa 10-23, So 11-21 Uhr

(e 3) **Fisher Island**
Wohnort von Barbara Becker und Paul Newman. Besuchern ist der Zutritt zur Prominenteninsel verwehrt. Ein wenig näher kommt man den Stars auf einer Bootstour um Fisher Island und die benachbarten Inseln.
Start der Touren am Bayside Marketplace
401 Biscayne Boulevard
www.islandqueencruises.com
tgl. 11-19 Uhr im Stundenrhythmus, 14 €

Key Biscayne

Einer der schönsten und ruhigsten Vororte. Man erreicht die Insel über den gebührenpflichtigen Rickenbacker-Damm. Auf halber Strecke liegt das Miami Seaquarium (d 3/4). Hier sieht man Seekühe und -löwen, Wale, Haie und die berühmten Delfin-Shows.
4400 Rickenbacker Causeway
www.miamiseaquarium.com
tgl. 9.30-18, letzte Show 14.30 Uhr, 28 €

Die großen Lettern (L 3) beziehen sich auf die MERIAN-Karte auf S. 123

Little Havana

Die Betonung liegt auf „Little". Viel zu sehen gibt es im kubanischen Viertel nicht. In der Calle Ocho liegt aber der winzige Domino Park (offiziell: Parc General Máximo Gómez). Hier spielen ältere kubanische Señores Domino oder Schach.

(c 2) **El Credito Cigar Factory**
Wenige Schritte vom Domino Park entfernt liegt El Credito Cigar Factory. Hier darf man zuschauen, wie die Zigarren von Hand gerollt werden und sie später im Shop nebenan kaufen. Ein gutes Mitbringsel.
1106 SW 8th Street
Mo-Fr 8-18, Sa bis 16 Uhr-

Miami Beach

Miami Beachs südlicher Teil, South Beach (SoBe), ist für viele Menschen der Inbegriff von Sonne, Strand, schönen Körpern und leichtem Leben. Bekannt ist der Ort auch für das weltweit größte Ensemble von Art-déco-Bauten in Pastellfarben, für die Luxushotels und ihre prominenten Gäste und natürlich für die Erfolgs-Fernsehserie aus den 80er Jahren mit den zwei Yuppie-Kommissaren: Miami Vice.

Der **Art Deco District** liegt am südlichen Ende von Miami Beach in der Gegend um den Ocean Drive, die Collins und die Washington Avenue. Das Viertel wurde zwischen 1930 und 1950 erbaut. Doch in den 70er Jahren verfielen die Häuser nach und nach, es gab bereits Pläne, die farbenfrohen Gebäude abzureißen. Doch Mitte der 80er-Jahre rückte die TV-Serie Miami Vice die pastellfarbenen Bauten in ein neues Licht, man interessierte sich wieder für die Gegend, die Investoren kehrten zurück. Heute strahlen die alten Häuser in neuem bunten Glanz.

Rundgang am Ocean Drive und der Collins Avenue
Die wesentlichen Merkmale des Tropical Art déco sind vertikale und horizontale Linien, abgerundete Ecken und Bullaugenfenster. Achten Sie auf die Schmuckelemente mit stilisierten tropischen Pflanzen und Tieren und die typischen, geometrischen Schriftzüge. Beachtenswert sind die folgenden Gebäude entlang des Ocean Drive (Hausnummern in Klammern): Das 1937 erbaute **Park Central Hotel** (640) wird auch der „Blaue Juwel des Ocean Drive" genannt. Das türmchengekrönte **Waldorf Towers Hotel** (860) ist ebenso berühmt wie das **Tides Hotel** (1220) mit der pinkfarbenen Lobby. **The Carlyle** (1250) und das **Cardozo** (1300) sind Filmschauplätze. In ersterem wurde **„The Birdcage"**, im zweiten **„Verrückt nach Mary"** gedreht. Die 1930 im spanischen Stil erbaute **Casa Casuarina** (1116) war die Villa des Modeschöpfers Gianni Versace, der hier 1997 erschossen wurde.
In der Collins Avenue: Das **Fairwind Hotel** (1000), das benachbarte **Essex House Hotel** (1001) und **Hoffman's Cafeteria** (1450), heute befindet sich dort Jerry's Famous Deli.

Info und Touren: Art Deco Welcome Center. 1001 Ocean Drive, Tel. (305) 531 34 84 (g 4)
Mo-Sa 9-19.30, So 9-18.30 Uhr, Touren Mi, Fr, Sa, So 10.30 Do 18.30 Uhr, 16 €

ÜBERNACHTEN

(c 1) **Miami River Inn**
Einziges Bed & Breakfast in Downtown Miami. Das entzückende Ensemble aus Holzhäusern im Kolonialstil ist außen von Bougainvillea überwuchert, das Interieur im Laura-Ashley-Stil gehalten. Im schattigen Garten gibt es einen großen Swimmingpool.
118 SW South River Drive
Tel. (305) 325 00 45
Fax 325 92 27
www.miamiriverinn.com
40 Zi. €

(g 2) **The Clay Hotel**
Geschmackvolles Hotel im spanischen Stil, zentral gelegen. Al Capone betrieb hier eine geheime Spielhölle, und in „Miami Vice" wurde das rosafarbene Haus oft gezeigt.
1438 Washington Avenue
Tel. (305) 534 29 88
Fax 673 03 46
www.clayhotel.com *120 Zi.* €

(g 1) **Riu Florida Beach**
Gehobenes Mittelklassehotel in der ersten Strandreihe. Bei deutschen Gästen sehr beliebt wegen des üppigen Frühstücks.
3101 Collins Avenue
Tel. (305) 673 53 33
Fax 673 93 35
hotel-riu-florida-beach.com
284 Zi. €€

(g 3) **The Hotel**
Art-déco-Juwel mit Pool auf dem Dach, umrahmt von pastellfarbenen Bohlen. Schöne Zimmer mit hübschen Details.
801 Collins Avenue
Tel. (305) 531 22 22
Fax 531 32 22
www.thehotelofsouthbeach.com
53 Zi. €€€

(g 1) **The National**
Elegantes Hotel am Strand. Beliebt bei Modefotografen wegen des fast 70 Meter langen palmengesäumten Pools.
1677 Collins Avenue
Tel. (305) 532 23 11
Fax 534 14 26
www.nationalhotel.com
150 Zi. €€€

(f/g 3) **Clinton Hotel**
Außen Jugendstil, innen ultramodern. Die Zimmer sind luxuriös. Das tiefblaue Foyer kontrastiert mit dem weißen Innenhof. Zwar ist der Pool nur klein, aber hier geht es sowieso eher ums Posieren.
825 Washington Avenue
Tel. (305) 938 40 40
Fax 538 14 72
www.clintonsouthbeach.com
88 Zi. €€

(g 1/2) **Ritz Carlton South Beach**
Die ganz große Oper: An den Wänden hängt Kunst für 2 Millionen Dollar – darunter ein Juan Miró. Auf dem Frühstücksbüffet liegen gezuckerte Veilchen in der Sahne.
1 Lincoln Road
Tel. (786) 276 40 00
Fax 276 41 00
www.ritzcarlton.com/resorts/south_beach *376 Zi.* €€€€

(g 1) **The Shore Club**
Stilvoll eingerichtete Zimmer, zwei Pools und ein romantischer Innenhof mit Sofas unter den Bäumen.
1901 Collins Avenue
Tel. (305) 695 31 00
Fax 695 32 99
www.shoreclub.com
375 Zi. €€€€

Preiskategorien

Alle Adressen im Info-Magazin sind MERIAN-Empfehlungen.
Preiskategorien Hotels: Der Preis für das günstigste Doppelzimmer (Mittelsaison): € bis 80 € €€ 80-160 € €€€ 160-240 € €€€€ über 240 €
Preiskategorien Restaurants: Der Preis für das günstigste Hauptgericht liegt bei € bis 15 € €€ 15-25 € €€€ ab 25 €

Entspannt am Strand: Gäste im Nikki Beach Club kurz vor Sonnenuntergang

ESSEN & TRINKEN

(g 3) **Clevelander**
Besser kann man am Ocean Drive nicht sitzen. Der Cobbs-Salat ist köstlich. Die Kellnerinnen sehen aus wie Bademoden-Models (und sind ebenso spärlich bekleidet).
1020 Ocean Drive
Tel. (786) 276 14 14
www.clevelander.com
tgl. 11-3 Uhr €

(b 4) **Jaguar**
Im Ausgehviertel von Coconut Grove. Exzellente lateinamerikanische Küche: Steaks, Tortillas oder Tacos.
3067 Grand Avenue/Cocowalk
Tel. (305) 444 02 16
www.jaguarspot.com
Mo-Sa 11-23, So 10-23 Uhr €

(g 2) **Jerry's Famous Deli**
Wunderschönes Jugendstil-Kaffeehaus mit roten Ledersofas und Kronleuchtern. Burger, Pizza, Pasta und sehr günstiges Frühstück – rund um die Uhr.
1450 Collins Avenue
Tel. (305) 534 32 44
tgl. 0-24 Uhr €

(f 4) **Tap Tap**
In farbenfroher Einrichtung trifft sich bei ausgezeichneter haitianischer Küche die haitianische Gemeinde. Probieren Sie die Kürbissuppe und das Zicklein.
819 5th Street
Tel. (305) 672 28 98
www.taptaprestaurant.com
Mo-Mi 17-23, Do-Sa 17-24 So 17-22 Uhr €

(b 2) **Versailles**
Mitten in Little Havana gelegen, ist dies das Stammlokal der Kubaner. Wer auf Englisch bestellt, erntet nur verständnisloses Kopfschütteln. Kubanische Küche.
3555 SW 8th Street
Tel. (305) 444 02 40
So-Do 8-2, Fr, Sa 8-4.30 Uhr €

(f 2) **SushiSambaDromo**
Brasilien trifft Japan in Miami Beach. Sensationelle Sushi-Kreationen, saftige Steaks, Cocktails, Sake – und Samba.
600 Lincoln Road
Tel. (305) 673 53 37
www.sushisamba.com *Mo-Do, So 12-1, Fr, Sa 12-2 Uhr* €€

(f 2) **Tantra**
Der Bodenbelag besteht aus Gras, von den Wänden fließt Wasser. Das Tantra bietet Küche für die Sinne – mit aphrodisierender Wirkung.
1455 Pennsylvania Avenue
Tel. (305) 672 47 65
www.tantrarestaurant.com
Mo, Fr, Sa 19-5, Di-Do, So 19-24 Uhr €€

(f/g 3) **B.E.D**
Der Name ist Programm: Das vorzügliche Essen nehmen die Gäste im Bett liegend ein. Hohe Promi-Frequenz, ohne Reservierung geht nichts.
929 Washington Avenue
Tel. (305) 535 90 70
www.bedmiami.com
Mo, Mi-Sa 20-5 Uhr €€€

AUSGEHEN

(b 2) **Hoy Como Ayer**
Der Platz in Little Havana für Latino-Musik. Mehrmals wöchentlich Live-Musik, sonst legen stadtbekannte DJs auf.
2212 SW 8th Street
www.hoycomoayer.net
Mi-So ab 21 Uhr

(f 4) **Nikki Beach Club**
Auf Kissen lümmeln, am Strand in Zelten kuscheln, zu heißen Rhythmen tanzen. Samstags ist Ibiza-Strandparty, sonntags ab 11 Uhr Brunch.
1 Ocean Drive
www.nikki beach.com/miami/
Do-So, je nach Veranstaltung unterschiedliche Öffnungszeiten

(c 1) **Pawn Shop**
Stammlokal von Paris Hilton und Top-Club von Downtown, bis vor kurzem war es noch ein Pfandhaus. Ein Schulbus und eine Pilotenkanzel wurden zu Sitzecken und Bar umfunktioniert.
1222 NE 2nd Avenue
www.thepawnshoplounge.com
Do-So ab 22 Uhr

(g 2/3) **The Mansion**
Riesiger Club mit drei Tanzflächen. Ausgefallenes Interieur: von der Ritterrüstung bis zum futuristischen Lüster.
1235 Washington Avenue
www.theopiumgroup.com
Di-So 11-5 Uhr

SHOPPING

(a 3) **Books & Books**
Wahrscheinlich einer der schönsten Buchläden der Welt: Um einen Hof mit Brunnen gelegen, mit hölzernen Regalen bis zur Decke, nettem Service und Kaffee und Kuchen.
265 Aragon Avenue
www.booksandbooks.com
tgl. 9-23 Uhr

(c/d 1) **C. Madeleine's**
Ein Paradies für Fashionistas: Vintage-Klamotten der großen Designer. Viel prominente Kundschaft, darunter Stil-Ikonen wie die Models Kate Moss und Naomi Campbell.
13702 Biscayne Boulevard
www.cmadeleines.com
Mo-Sa 11-18, So 12-17 Uhr

(c/d 1) **Haitian Art Factory**
Kleine Galerie, die hochwertige Kunst aus Haiti anbietet. Gemälde, Töpferwaren, Skulpturen und sogar Voodoo-Zubehör.
835 NE 79th Street
www.haitianartfactory.com
Mo-Fr 10-17, Sa 10-14 Uhr

(a 2) **La Casa de las Guayaberas**
Nicht mehr und nicht weniger als „la mejor guyabera del mundo“ wird hier verkauft, das beste Guayabera-Hemd der Welt. Selbst US-Präsident Ronald Reagan kaufte eines der handgenähten, für Kuba typischen Hemden.
Opera Plaza, 5840 SW 8th Street (Calle Ocho)
Mo-Sa 10-19 Uhr

Für Hochseefischer ist Islamorada ein Dorado – die Fische beißen so schnell, dass Profis mit zwei Angeln arbeiten

Information

Die Inselkette vor Floridas Südspitze ist der perfekte Platz für Wassersportfreunde – und für Angler. 500 Fischarten leben hier. An der Atlantikseite ist den Keys ein 300 Kilometer langes Korallenriff vorgelagert, ein Paradies für Taucher.

Statt einer Adresse wird oft die Abkürzung MM und eine Zahl angegeben. MM, der „Milemarker", beschreibt die Entfernung auf dem Overseas Highway von Key West. Gezählt wird ab MM 0 in Key West bis MM 127 in Florida City.

(J 10) KEY LARGO

Die größte Insel der Keys ist wegen des John-Pennekamp-Korallenriffs (vgl. Seite 97, „Aktiv") vor allem für Taucher interessant.

Übernachten

Dove Creek Lodge
Liebevoll eingerichtete Villa mit eigener Marina.
MM 94,5, Tel. (305) 852 62 00
Fax 852 63 44
www.dovecreeklodge.com
14 Zi. €€€

Marriott Key Largo Bay Beach Resort
Fantastischer Blick auf den Sonnenuntergang. Große Zimmer, Küche, passend für Familien.
MM 103,8, Tel. (305) 453 00 00
Fax 453 00 93
www.marriottkeylargo.com
153 Zi. €€€

Essen & Trinken

Caribbean Club
Hier wurden Teile des Films „Key Largo" mit Humphrey Bogart und Lauren Bacall gedreht, allerdings in einem Schuppen, der längst abgebrannt ist. Die Kneipe ist mit Bogart-Postern gepflastert.
MM 104, Tel. (305) 451 99 70
tgl. 19-4 Uhr

Snook's Bayside Restaurant
Die Terrasse am Wasser und eine große Fischkarte sind die Trümpfe dieses Restaurants.
MM 99,9, Tel. (305) 453 37 99
www.snooks.com
tgl. 12-15 u. 17-22 Uhr €€

(J 11) TAVERNIER

Wild Bird Rehabilitation Center
Das Vogelkrankenhaus kann besichtigt werden. Spektakulär ist die Fütterung wilder Reiher täglich um 17.30 Uhr.
MM 93,6
www.fkwbc.org
8 Uhr - Sonnenuntergang, Eintritt frei, Spenden erwünscht

(H/J 11) ISLAMORADA

Die selbst ernannte Welthauptstadt des Hochseeangelns. Ein Paradies für Angler, für andere eher ein Durchgangsziel.

Theater of the Sea
Die größte Tiershow auf den Keys. Seelöwen und Delfine führen Kunststücke vor, mit den Delfinen kann man auch schwimmen gehen.
MM 84,5, www.theaterofthesea.com *9.30-15.30 Uhr, 20 €*

Übernachten

Chesapeake Resort
Hotel mit eigener Marina für Angelausflüge, umgeben von weiteren kleinen Häfen der Anglerhauptstadt der Keys.
MM 83,5, Tel. (305) 664 46 62
Fax 664 85 95
www.chesapeake-resort.com
65 Zi. €€€

Essen & Trinken

Lazy Days
Vom großen Balkon blickt man auf den Atlantik und sieht die Fischerboote hereinbringen, was auf dem Teller landen wird. Angler können sich den eigenen Fang für knapp elf Euro zubereiten lassen.
MM 79,9
Tel. (305) 664 52 56
tgl. 11-21.30 Uhr €€

Uncle's Restaurant
Preisgekröntes Fischrestaurant, Küche im italienischen Stil mit vielen Kräutern aus dem Garten des Küchenchefs.
MM 81, Tel. (305) 664 44 02
www.unclesrestaurant.com
Di-So 17-22.30 Uhr €€

(H 11) MARATHON

Zweitgrößte Stadt der Keys und der vitale Mittelpunkt, nur hier gibt es (außer in Key West) Supermärkte.

Dolphin Research Center
In der Delfinforschungsstation sind Besucher willkommen. Bei den Shows stehen, anders als bei der kommerziellen Konkur-

MERIAN | KRIMIS

Tatort Florida

Krimi-Autoren aus Florida haben sich inzwischen auch in Deutschland einen Namen gemacht. Der bekannteste von ihnen ist Carl Hiaasen, der als Journalist beim *Miami Herald* mit seinen kritischen Reportagen häufig Aufsehen und mitunter auch Anstoß erregt. Seine Krimis sind spannend, witzig und hochpolitisch. Umweltverschmutzung und Korruption sind die Themen, die Hiaasen immer wieder aufgreift. Sein Buch „Striptease" diente übrigens als Vorlage für den gleichnamigen Film mit Demi Moore. Zur Ehrenrettung des Autors sei gesagt, dass das Buch deutlich besser ist als der Film. Einen sensationellen Debüt-Erfolg feierte 2004 Jilliane Hoffman, eine junge Staatsanwältin aus Miami, mit „Cupido" – einer Geschichte um eine junge Staatsanwältin aus Miami, die einen Serienmörder jagt.

Lesetipps
Carl Hiaasen: Der Reinfall (2006), Letztes Vermächtnis (2003), Krumme Hunde (2002), Unter die Haut (2001), Striptease (1996), auf Deutsch veröffentlicht bei Goldmann.
Jilliane Hoffman: Cupido (2004), auf Deutsch veröffentlicht bei Wunderlich

€ Preiskategorien für Hotels und Restaurants finden Sie auf Seite 107

In Hemingways Haus in Key West sind die Porträtfotos des berühmten Schriftstellers sehr begehrte Souvenirs

MERIAN | KÜCHE

Die Küche der Keys

Viel frischer Fisch – und stets eine Prise Karibik

Austern auf Meerrettichspinat, schwarze Empanadas mit Lobster und Avocado, Mahi Mahi in einer Kruste von Kokosnuss, Cashew und Makadamia: Die Speisekarte vieler Restaurants in Florida spiegelt die Vielfalt der hier verwurzelten Kulturen und ihrer bevorzugten Speisezutaten wieder – Floridas Küche ist eine der vielseitigsten der USA.

Ihr wichtigstes Element ist – mehr als 2000 Kilometer Küste sei Dank – **Seafood:** Tunfisch, Zackenbarsch, Schwertfisch und Mahi Mahi, Hummer und Jakobsmuscheln fehlen auf kaum einer Menükarte. Auch nicht ein Angebot, das bei vielen Gästen erstmal Entsetzen hervorruft: der Dolphin. Doch hier kommt nicht etwa Flipper auf den Grill, sondern die Goldmakrele – die seltamerweise auch als „Dolphin" bezeichnet wird. Eine Besonderheit im Süden Floridas sind die **Scheren des Steinkrebses,** der von Oktober bis Mai gefangen werden darf. Das zarte, roséfarbene Fleisch wird mit Zitronenbutter gegessen.

Wer eine Meeresfrüchte-Platte bestellt, kann von allem probieren

Apalachicola im Panhandle ist berühmt wegen der reichen Austernbänke, von **Amelia Island** an der Atlantikküste stammen die besten Shrimps. Die Früchte des Meeres lassen sich ausgezeichnet mit denen des Landes kombinieren: Mangos, Ananas, Avocados und Kokosnüsse gedeihen in Florida üppig. Einwanderer aus Südamerika und der Karibik haben ihre Rezepte und Gewürze mitgebracht und aus den Zutaten von Land und Meer die **Floribbean Cuisine** geprägt: eine Prise Haiti, ein Schuss Karibik …

Vor allem in **Miami** wird **kubanisch** gekocht, mit schwarzen Bohnen und Kochbananen. Im **Panhandle** dagegen spürt man den gastronomischen Einfluss der **Südstaaten:** Der Tag beginnt mit Eiern, Speck und **Grits**, einem Maisbrei mit geschmolzener Butter. Später gibt es **Fritters** (frittierten Fisch) mit **Hush Puppies** (Kroketten aus Maismehl). Empfehlung zum Dessert: die hoch gepriesene Nachspeise des Sunshine-State – **Key Lime Pie**.

renz, sensationelle Aktionen nicht im Vordergrund.
MM 59, www.dolphins.org
9-17 Uhr, 13 €

Turtle Hospital
Im Schildkrötenkrankenhaus werden Tiere gepflegt, die sich in Fischernetzen verfangen oder an Motorbooten verletzt haben. Bei einer Führung wird die Arbeit der Tierärzte erklärt.
2396 Overseas Highway
Tel. (305) 743 25 52
www.theturtlehospital.org
Führungen 10, 13 und 16 Uhr 12 €

Seven Mile Bridge
Die spektakulärste der vielen Brücken auf den Keys. 1935 erbaut, dient sie heute nur noch als Angelplattform und als Kulisse für Filme, z. B. wurden einige Szenen des James-Bond-Films „Lizenz zum Töten" hier gedreht. Der Autoverkehr rollt über die „Parallel Bridge" von 1982 (s. S. 70).
ab MM 45

Essen & Trinken

Cabots on the Water
Auf einer der schönsten Terrassen der Keys wird vor allem feinstes Seafood serviert, Jakobsmuscheln, Stone Crabs und Grouper – hier fühlen sie sich auch auf dem Teller wohl!
725 11 Street
Tel. (305) 743 64 42, www.cabotsonthewater.com, *Mo-Sa 11.30-22, So 11.30-21 Uhr* €

(H 11) BIG PINE KEY

Auf dieser Insel lebt das seltene Key Deer, eine Hirschart, die nur eine Körpergröße von 80 Zentimetern erreicht. Sehenswert ist das Blue Hole, ein ehemaliger Steinbruch, heute Heimat von Schildkröten und Alligatoren.

Kajak-Abenteuer
Paddeltour mit Ranger Bill Keogh durch die Mangroven. Allein würde man aus dem Ufergestrüpp wohl nie zurückfinden. Unterwegs sieht man Vögel, Seekühe und Delfine.
North Watson Boulevard
eine Viertel Meile südlich der No-Name-Brücke
Tel. (305) 872 74 74
www.keyskayaktours.com
3-stündige Tour (9 u. 13 Uhr, 40 €, längere Touren möglich

Essen & Trinken

No Name Pub
Eine schwer zu findende Kneipe, das „No Name Pub". An der Fassade steht schnippisch: „You Found it". Riesige Pizzen oder Conch Fritters lohnen den Abstecher. Wem es gefällt, der darf eine Ein-Dollar-Note mit Widmung an die Wand oder die Decke tackern – zu etwa 90 000 anderen.
N Watson Boulevard
1,5 Meilen nördlich der US 7
Tel. (305) 872 91 15
www.nonamepub.com
tgl. 11-23 Uhr €

Mit „Mile Zero“ in Key West beginnt die Zählung der „Mile-Marker“ auf dem Overseas Highway bis Florida City

(G 11) KEY WEST

Der südlichste Ort des amerikanischen Festlands ist zugleich der älteste und meist besuchte der Keys. Bekannt wurde er vor allem durch eine feierfreudige Künstlerkolonie um Tennessee Williams und Ernest Hemingway, die sich hier in den 1930er-Jahren niederließ.

Hemingway House
Das Haus, das Hemingway neun Jahre lang bewohnte. Das Arbeitszimmer sieht noch so aus, wie der Schriftsteller es eingerichtet hat. Im Garten der erste Salzwasser-Pool von Key West, den Ehefrau Pauline für 20 000 Dollar bauen ließ. Hemingway warf darauf seinen „letzten Penny“ ins Wasser, er ist unter Plexiglas ausgestellt.
907 Whitehead Street
www.hemingwayhome.com
tgl. 9-17 Uhr, 9 €

Key West Lighthouse
Der Leuchtturm von 1847 bietet einen herrlichen Blick über Stadt und Küste. Drinnen ist ein Museum.
938 Whitehead Street
tgl. 9.30-16.30 Uhr, 6,30 €

Mallory Square
Tagsüber legen Kreuzfahrtschiffe an, abends trifft sich hier die ganze Stadt, um den Sonnenuntergang zu feiern und Akrobaten und Gauklern bei ihren Shows zuzusehen.

Mel Fisher Maritime Museum
Ausstellung von Funden des bekanntesten Schatzsuchers Floridas.
200 Greene Street
www.melfisher.org
9.30-17.30 Uhr, 8 €

Wreckers Museum
Ein Museum zur Wrackpiraterie. Das Plündern untergegangener Schiffe war einst ein Haupterwerb der Key Wester.
1 Whitehead Street
Tel. (305) 292 89 90
www.shipwreckhistoreum.com
9-17 Uhr, 8 €

Übernachten

Albury Court
Kleines Hotel mit geräumigen Zimmern, der historische Hafen liegt gleich um die Ecke.
1030 Eaton Street
Tel. (305) 294 98 70
Fax 293 88 92
www.historickeywest.com
21 Zi. €€

Heron House
Exklusives Bed&Breakfast nur wenige Schritte vom Ortszentrum entfernt.
512 Simonton Street
Tel. (305) 294 92 27
Fax 294 56 92
www.heronhouse.com
16 Zi. €€€

The Gardens Hotel
Wunderschönes Hotel mit tropischem Garten. An der Pool-Bar werden zu den Drinks aufregende Geschichten serviert. Es mixen ein Schriftsteller, ein Komponist und ein Kapitän.
526 Angela Street
Tel. (305) 294 26 61
Fax 292 10 07
www.gardenshotel.com
17 Zi. €€€

Essen & Trinken

Mangoes Restaurant
Hier werden Mangos serviert: Als Sauce zu Fisch und Fleisch, als Dessert und als Vorspeise mit Shrimps.
700 Duval Street
Tel. (305) 292 46 06
www.mangoeskeywest.com
tgl. 11-22 Uhr €€

Nine One Five
Erstklassiges Restaurant am ruhigen Ende der Duval Street, das zu Recht überschwänglich von der *New York Times* gelobt wird. Überraschende Fisch-Kreationen harmonieren mit ausgezeichneten Weinen. Jazz-Musik.
915 Duval Street, Tel. (305) 296 06 69, www.915duval.com
Di-So 18-23 Uhr €€

Ausgehen

Capt. Tony's Saloon
Der Saloon war die ursprüngliche Kneipe von Hemingway-Kumpel Sloppy Joe. Dunkle Bar zum Bier- und Cocktailtrinken, täglich Live-Musik.
428 Greene Street
www.capttonyssaloon.com
tgl. 10-4 Uhr

Sloppy Joe's
Die bekannteste Partylocation auf den Keys, weil Hemingway bei Sloppy Joe verkehrte. Doch das eigentliche „Sloppy Joe“ ist heute Capt. Tony's Saloon.
201 Duval Street
www.sloppyjoes.com
tgl. 9-4 Uhr

Shopping

Key West Aloe
Wahre Wunder soll er gegen Sonnenbrand wirken – aber auch sonst ist der Extrakt der Aloe eine Wohltat für die Haut. Hier gibt es „Afterburn“-Produkte, Sonnencreme, Duschgels und Bodylotion.
540 Greene Street
www.keywestaloe.com
Mo-Sa 9-20, So 10-18 Uhr

In und vor Sloppy Joe's Bar wird jeden Abend Party gemacht

Die Ten Thousand Islands sind ein perfektes Revier zum Segeln und Baden

MERIAN | NATURRESERVATE

Am Fluss aus Gras

Entdeckertouren durch die Sumpflandschaft

„Ewige Wiesen" heißt die riesige, nasse Grassavanne wörtlich übersetzt, „Fluss aus Gras" nennen sie die Indianer. Vom Lake Okeechobee bis zur Florida Bay und den Ten Thousand Islands erstreckt sich das sensible Ökosystem, dessen Herzstück der Everglades-Nationalpark (www.nps.gov/ever) ist. 556580 Hektar groß, nimmt er doch nur ein Fünftel der gesamten Fläche ein. Zwei Straßen durchkreuzen den Park: der Highway 41 (Tamiami Trail) von Miami bis Naples und die Route 9336 von Florida City bis Flamingo. Der Haupteingang liegt am Ernest F. Coe Visitor Center bei Florida City. Zu Fuß oder per Rad geht es von dort auf Walking Pads, erhöhten Holzwegen, durch die Landschaft. Schön ist der Mahogany Hammock Boardwalk, der einen Kilometer in den subtropischen Mahagoni-Wald führt. Auch die 24 Kilometer lange Tour zum Aussichtsturm am Shark Valley Visitor Center (am Tamiami Trail) ist empfehlenswert, sie lässt sich per Rad abfahren oder auf einer kommentierten „Tram"-Fahrt erleben. In allen Visitor Centers gibt es Planungshilfe für ein- oder mehrtägige Wander- oder Kanutouren, so auch in Everglades City beim Gulf Coast Visitor Center. Der zweite Park, Big Cypress National Preserve (www.nps.gov/bicy), wird vom Tamiami Trail und dem Everglades Parkway durchkreuzt. Eingang ist das Oasis Visitor Center (am Tamiami Trail). Auch hier sind geführte Touren, etwa am Turner River Canal, möglich.

Reisezeit & Info

Die beste Reisezeit für die Everglades ist die Trockenzeit von Dezember bis April. Vorsicht: Das Sumpfgebiet ist Heimat von Alligatoren und hochgiftigen Schlangen. Nicht lebensbedrohlich, aber nervtötend: Moskitos – die wahren Herrscher der Everglades. Schutzmittel und langärmelige Kleidung nicht vergessen!

(G/H 9) **Ten Thousand Islands**
Für Freunde des Fischens ist Kapitän Bruce Hitchcock der richtige Mann: Der wortkarge Kapitän kennt die Inseln wie seine Westentasche und fährt Angler auch an seine Geheimplätze. Wer nett ist, darf von seinem Kautabak probieren.
No Free Lunch Charters
Tel. (561) 362 44 52
www.backcountryfishing.net

(H 10) **Flamingo**
Endstation Flamingo, 60 Kilometer hinter dem Eingang des Parks. Ein ehemaliges Fischerdorf mit etwas einschläferndem, aber trotzdem bezauberndem Charme. Idealer Ausgangspunkt für Erkundungstouren entlang der Mangrovenküste – auf Wanderwegen oder acht verschiedenen Kanu-Trails. Motorboot-Touren werden ebenfalls angeboten. In Flamingo beginnt der „Wilderness Waterway", die 160 Kilometer lange Wasserstraße bis nach Everglades City.

(H 9) **Everglades City**
Der kleine Ort liegt an der westlichen Grenze des Everglades National Parc. Wer eine Tour durch die Ten Thousand Islands machen möchte, startet am besten hier. Pauschal-Arrangements für Angeltouren in die Küstengewässer, Airboot-Fahrten zum Alligatoren-Catchen oder Besichtigungstouren zu Indianerdörfern kann man hier buchen.

Essen & Trinken

Seafood Depot
In einem alten Eisenbahndepot gelegen, bietet das Sea Food Depot genau das, was der Name verspricht: Fische und allerlei Meeresfrüchte mit hervorragendem Geschmack. Sehr gute Langusten.
102 Collier Ave., Everglades City (H 9), Tel. (239) 695 00 75
Mo-Fr 7-21, Sa+So 6-21 Uhr ⓔ

Oyster House Restaurant
Der Geheimtipp für Fisch, Stone Crabs, Shrimps, Alligatorenschwänze (Gator Tails) und alles andere Essbare, das aus den Everglades kommt. Die Wände sind voll gehängt mit Fotos und Autogrammen von zufriedener Prominenz, die hier einkehrte.
Highway 29, am Chokoloskee Causeway, zwischen Chokoloskee und Everglades City (H 9), Tel. (239) 695 20 73
www.oysterhouserestaurant.com
So-Do 11-21, Fr, Sa 11-22 Uhr ⓔ

Joannie's Blue Crab Café
Was man auf einer Kanutour respektvoll umfahren hat, gibt es hier als Spezialität des Hauses: Gator Nuggets und Gator Fritters. Zu einem echten Sumpf-Menü gehören auch Froschschenkel und Indian fry bread. Dekoriert ist das Café mit ausgestopften Eulen und jeder Menge Postkarten.
39395 Tamiami Trail, Ochopee (H 9), Tel. (239) 695 26 82
tgl. 10.30-17 Uhr ⓔ

Übernachten

Die Übernachtungsmöglichkeiten im Park sind rar. Die meisten Besucher sind Tagesgäste. Bed & Breakfasts, Motels und Campingplätze gibt es vor allem in Flamingo und Everglades City.

Ivey House
Komfortables Bed & Breakfast. 29 nette Zimmer in einem alten Haupthaus, in einer Lodge oder in allein stehenden Hütten unter Palmen. Kanu und Kajakverleih im Haus.
107 Camellia Street, Everglades City (H 9), Tel. (239) 695 32 99
Fax 695 41 55
www.iveyhouse.com ⓔ

The Grove Inn
Privat geführtes Gasthaus mit einfachen, aber liebevoll gestalteten Zimmern.
22540 Krome Avenue, an der Route 997, Redland (J 10)
Tel. (305) 247 65 72
www.groveinn.com ⓔ

Everglades Hostel
Einfach und günstig, trotzdem charmant-familiär. Übernachtung in nett eingerichteten Einzel- oder Mehrbettzimmern.
20 SW 2nd Avenue, Florida City (J 10), Tel. (305) 248 11 22
Fax 245 76 22
www.evergladeshostel.com ⓔ

Camping
Innerhalb der Naturparks gibt es offizielle Campingplätze der Parkverwaltung in Long Pine Key und Flamingo.
Tel. (301) 722 12 57
http://reservations.nps.gov

ⓔ Preiskategorien für Hotels und Restaurants finden Sie auf Seite 107

Kinder.
Freude.
Schenken.
E.T. – Der Außerirdische
Der rote Korsar
Kinder des Himmels
Momo

(G 9) NAPLES

In der Hochsaison ist Naples eine Ferienmetropole. Dann drängen sich die Massen in der 5th Street mit ihren Restaurants und Geschäften.

Übernachten

Bayfront Inn on the Fifth
Beeindruckende Aussicht aus den angenehm funktionalen Zimmern auf die Bucht von Naples. Das Restaurant hat eine große Freiterrasse mit Blick auf den kleinen Yachthafen.
1221 Fifth Avenue S
Tel. (239) 649 58 00
Fax 649 05 21
www.bayfrontinnnaples.com
98 Zi. €€€

Essen & Trinken

The Boathouse
Das Restaurant liegt am Wasser und hat sich auf Meeresfrüchte spezialisiert. Köstlich sind die Shrimpsgerichte.
In der Hochsaison ist das Restaurant immer voll – zeitig reservieren!
990 Broad Avenue S
Tel. (239) 643 22 35
www.boathousenaples.com
tgl. 11.30-22 Uhr €€

(G 8) FORT MYERS

Die 50 000 Einwohner-Stadt hat sich das Flair vergangener Zeiten bewahrt. Sehenswert ist vor allem das Viertel um die First Street. Im Übrigen rühmt sich Fort Myers der höchsten Golfplatzdichte in den USA.

Edison & Ford Winter Estates
Das Winterhaus von Thomas Alvar Edison (1847-1931), des „Vaters der Glühbirne", ist ein Museum. Die dortige Ausstellung zeigt Edisons Lebensweg und seine Erfindungen. Mit dem „Homes and Gardens"-Ticket kann man das Nachbarhaus besichtigen, das Edisons bestem Freund, dem Autobaron Henry Ford, gehörte.
2350 McGregor Boulevard
www.efwefla.org
tgl. 9-17.30 Uhr, 16 €
nur Museum: 9 €

Essen & Trinken

Prawnbroker
Leckere Meeresfrüchte und Pastagerichte. Eines der Spitzenrestaurants der Stadt.
13451-16 McGregor Boulevard
Tel. (239) 489 22 26
www.prawnbroker.com
tgl. 16-22 Uhr €€

(G 8) SANIBEL UND CAPTIVA ISLAND

Die Inseln sind ein Paradies für Naturfreunde. Die Gezeiten schwemmen Millionen von Muscheln an, deshalb wird fast jeder zum Muschelsammler und kaum jemand reist ohne einen Beutel selbst gesammelter Souvenirs ab.

Barney-Matthews Shell Museum
Schnecken, Muscheln und andere Mollusken sind Thema dieses Museums. Präsentiert werden mehr als 30 000 Schalentiere aus aller Welt.
3075 Sanibel-Captiva Road
www.shellmuseum.org
tgl. 10-17 Uhr, 4,70 €

C.R.O.W. (Clinic for the Rehabilitation of Wildlife)
Fast 4000 verletzte Wildtiere werden hier jedes Jahr gepflegt. Rund die Hälfte kann gesund in die Freiheit entlassen werden.
3883 Sanibel-Captiva Road
www.crowclinic.org
Führungen Mo-Fr 11 Uhr

J.N. „Ding" Darling Reservat
291 Vogel-, 45 Reptilien- und mindestens 32 Säugetierarten leben in diesem Reservat, für Besucher wurden mehr als 6 km Rad- und Wanderwege angelegt. Im Infozentrum werden die Lebensräume der Tiere ausführlich erklärt.
1 Wildlife Drive
dingdarling.fws.gov
Park: 7.30 Uhr bis Sonnenuntergang, Autos 4 €, Radfahrer u. Fußgänger 0,80 €, Besucherzentrum Jan.-Apr. tgl. 9-17, Mai-Dez. tgl. 9-16 Uhr; Eintritt frei

Übernachten

The Castaways
Am Engpass zwischen Sanibel und Captiva liegen pastellfarbene Cottages rund um eine kleine Marina. Hier lebt Old Florida auf.
6460 Sanibel-Captiva Road
Tel. (239) 472 12 52
Fax 472 10 20, www.castaways sanibel.com *40 Cottages* €€

Cabbage Key
Die weiße Holzvilla ist ein angenehmer Ort für ein paar romantische Tage. Die Spezialität des Restaurants inspirierte Jimmy Buffet zu dem Hit „Cheeseburger in Paradise".
Cabbage Key
Tel. (239) 283 22 78
Fax 283 13 84
www.cabbagekey.com
6 Zi. und 7 Cottages €
Restaurant: Mo-Sa 7.30-9, 11.30-15, 18-20.30 Uhr, So 7.30-10, 11.30-16, 18-20.30 Uhr €

Essen & Trinken

Redfish Blufish
Die nettesten Kellner weit und breit bringen die Tapas auf die Veranda. Tipp: Tunfisch mit Sesam-Ingwer-Vinaigrette und im Bananenblatt gedünsteter Mahi.
751 Tarpon Bay Road
Tel. (239) 472 19 56
www.redfishblufishcaptiva.com
Di-So 17-21 Uhr €€

(G 7) MYAKKA RIVER STATE PARK

Während einer Kanutour erlebt man den Myakka River am eindrucksvollsten. Mehr als 200 Vogelarten und viele Alligatoren leben hier. Wander- und Radwege sowie einen Bohlenweg am Ufer des Upper Myakka Lake laden zur Bewegung ein.
13207 State Route 72
www.floridastate parks.org/myakkariver *tgl. 8 Uhr bis Sonnenuntergang, 4 € pro Fahrzeug, Kanumiete 12 € für 2 Stunden*

(F7) SARASOTA

Der frühere Wintersitz reicher Amerikaner ist heute neben Miami Floridas kulturelles Zentrum. Attraktives Ausflugsziel sind die der Stadt vorgelagerten Inseln mit herrlich feinsandigen Stränden.

Mary Selby Botanical Gardens
In Gewächshäusern sind mehr als 20 000 Arten tropische Pflanzen, vor allem Orchideen und Bromelien, zu bewundern.
811 S Palm Avenue
www.selby.org
tgl. 10-17 Uhr, 9,50 €

Mote Marine Laboratory
Im Forschungsinstitut und Aquarium erhält der Besucher Einblicke in die Meerestierwelt des südwestlichen Florida, kann in gläsernen Laboren die

€ Preiskategorien für Hotels und Restaurants finden Sie auf Seite 107

Naples, die rosa Stadt am Meer, ist stolz auf gepflegte Häuser und Palmenalleen

Arbeit der Wissenschaftler kennen lernen und die Pflege kranker Schildkröten beobachten.
1600 Ken Thompson Parkway
www.mote.org
tgl. 10-17 Uhr, 12 €

Pelican Man's Bird Sanctuary
Jährlich werden hier 5000 verletzte Vögel verarztet, die z. T. in Volieren zu sehen sind.
1708 Ken Thompson Parkway
www.pelicanman.org
tgl. 10-17 Uhr, 4 €

Ringling Zirkusmuseum
Das größte Zirkusmodell der Welt, eine Rekonstruktion des berühmten Ringling Circus, ist hier zu bewundern: die Stadt auf Rädern mit Zelten, Käfigen, bunten Wagen sowie mit hunderten von Menschen und Tieren – sorgfältig nachgebildet bis ins Detail.
5401 Bay Shore Road
www.ringling.org
tgl. 10-17.30 Uhr, 12 €

Übernachten

Ritz Carlton
Exquisit ausgestattete Zimmer, ein luxuriöses Spa, der Garten mit Blick auf die Marina – und ein Strandclub auf Longboat Key mit riesigem Pool, an dem Cocktails serviert werden.
1111 Ritz-Carlton Drive
Tel. (941) 309 20 00
Fax 309 21 00
www.ritzcarlton.com/resorts/sarasota *266 Zi.* €€€€

The Cypress Bed & Breakfast Inn
Die Zimmer sind teils modern, teils mit Antiquitäten eingerichtet. Amerikanisches Frühstück inklusive.
621 Gulfstream Avenue
Tel. (941) 955 46 83
Fax 906 89 52
www.cypressbb.com *5 Zi.* €€

(F/G 6) TAMPA

An der größten Bucht von Floridas Westküste gelegen, hat Tampa vor allem Bedeutung als Wirtschaftsmetropole. Gegen Ende des 19. Jhs. galt Tampa als Zigarrenhauptstadt der Welt – in einigen Straßen wird der Besucher noch daran erinnert. Empfehlung: eine nostalgische Stadttour mit der TECO Line Street Car in Nachbauten alter Waggons aus den 40er-Jahren.

Ybor City
Als Don Ybor seine Zigarrenfabrik 1886 von Key West nach Tampa verlegte, mussten ihm 20 000 Arbeiter folgen. In den alten Manufakturen an der 7th Avenue sind jetzt coole Clubs, Boutiquen und Galerien untergebracht. Das Ybor State Museum dokumentiert die Geschichte des Stadtteils.
Ybor City Museum State Park
1818 East 9th Avenue
www.ybormuseum.org
Di-So 9-17 Uhr 2,40 €

Florida Aquarium
Ein Rundgang führt durch die Biosphäre der Flüsse und Meere: Feuchtgebiete, Buchten, Strände, Korallenriffe und die Tiefsee. Erfahrene Taucher dürfen mit Haien schwimmen, andere schnorcheln im Korallenbecken.
701 Channelside Drive
www.flaquarium.org
tgl. 9.30-17 Uhr, 12,70 €; Tauchen mit den Haien Fr-So 10, 13 und 16 Uhr, ab 120 €

Henry B. Plant Museum
Maurische Minarette mit silbernen Kuppeln zieren das Universitätsgebäude von Tampa. Eisenbahn- und Hoteltycoon Henry B. Plant errichtete den Palast 1891. Das nach ihm benannte Museum dokumentiert die Geschichte des Hauses.
401 W. Kennedy Boulevard
www.plantmuseum.com
Di-Sa 10-16, So 12-16 Uhr, 4 €

Übernachten

Don Vicente de Ybor
Frisch saniert, ist das Boutique-Hotel ein Schmuckstück des kubanischen Viertels geworden. Marmor, Parkettböden und französische Möbel des 18. Jh. bestimmen das Ambiente des 1895 entstandenen Baus.
1915 República de Cuba
Tel. (813) 241 45 45
Fax 241 61 04
www.donvicenteinn.com
16 Zi. €€

Essen & Trinken

Columbia Restaurant
Eines der ältesten Restaurants Floridas war noch vor gut 100 Jahren ein Eckcafé für Zigarrenarbeiter. Serviert wird Deftiges nach kubanischen Familienrezepten, dazu gibt es exzellente Weine.
2117 East 7th Avenue
Tel. (813) 248 49 61
www.columbiarestaurant.com
Mo-Do 11-22, Fr-Sa 11-23 So 12-21 Uhr €€

(F6) ST. PETERSBURG/ CLEARWATER

Vor allem ist St. Petersburg für 56 km schneeweiße Strände bekannt. Die Stadt ist sowohl Sitz des renommierten Dalí-Museums (s. S. 73) als auch weiterer interessanter Kunstmuseen und Galerien.

Bob Graham Sunshine Skyway Bridge
Die elegante Hängebrücke, die die Bucht von Tampa zwischen St. Petersburg und Palmetto seit 1987 überspannt, ist fast neun Kilometer lang, ihre Spannweite beträgt 366 Meter. Den besten Blick hat man von den Fishing-Piers auf beiden Seiten der Bucht.
Interstate 275 und Highway 19
www.skywaypiers.com *2 € Maut*

MERIAN | TIPP

She Sells Sea Shells

Man könnte meinen, dass ein Laden, der Muscheln verkauft, auf einer Insel, auf der man massenweise Muscheln gratis am Strand findet, höchst überflüssig ist. Aber hier sind die Meeresschätze blank poliert und unversehrt – und der Weihnachtsschmuck, der daraus gebastelt wird, ist wirklich wunderschön!
(G 8) Sanibel
1157 und 2422 Periwinkle Way
tgl. 9.30-20 Uhr

Poliert und sortiert – so findet man die Muscheln nicht am Strand

Das Spaceship Earth ist mit 55 Metern das höchste Bauwerk von Disney World nahe Orlando

Florida Holocaust Museum
Ausstellung, Lesungen und Seminare klären über den Holocaust auf.
55 Fifth Street S
www.flholocaustmuseum.org

Übernachten

Sunset Bay Inn
Gemütliches Bed & Breakfast in einem über 100 Jahre alten Haus. Das Ambiente ist plüschig. Whirlpool und ein Sundowner sind inklusive.
635 Bay Street
Tel. (727) 896 67 01
Fax 898 53 1
www.sunsetbayinn.com
8 Zi. €€

Essen & Trinken

The Hurricane
Leckeres Seafood und Fisch (köstlich: der Zackenbarsch!) werden auf der Terrasse über dem Meer serviert. Auf einer Aussichtsplattform auf dem Dach genießt man mit einem Cocktail in der Hand den Sonnenuntergang.
807 Gulf Way, St. Pete Beach
Tel. (727) 360 95 58
www.thehurricane.com *So-Do 11-23, Fr-Sa 11-24 Uhr* €

(F 4/5) HOMOSASSA SPRINGS WILDLIFE STATE PARK

Warme Quellen, Flüsse und Feuchtgebiete stehen hier unter Schutz. Der Park ist eine der besten Orte Floridas, um Seekühe (Manatis) zu beobachten.
4150 S Suncoast Boulevard
www.floridastateparks.org/homosassasprings
tgl. 9-17.30 Uhr, 7,20 €

(F 4) CRYSTAL RIVER

Crystal River könnte unspektakulärer nicht sein. Trotzdem gibt es zwei sehr gute Gründe, hier Station zu machen:

Schwimmen mit Seekühen
An den warmen Quellen des Crystal River leben im Winter mehr als 400, im Sommer immer noch etliche Dutzend Seekühe – und hier darf man mit den sanften Riesen schnorcheln (s. S. 74) – ein Erlebnis, das niemand verpassen sollte. Anders als bei Delfin-Schwimmprogrammen mit dressierten Tieren, spielen die Seekühe in Crystal River von sich aus mit den Menschen.
Bird's Underwater
320 NW Highway 19
Tel. (352) 563 27 63
www.birdsunderwater.com
tgl. 9-17 Uhr; Manati-Schwimmen 23,50 € plus (bei Bedarf) Leihgebühr für Tauchausrüstung

Archeological State Park
Fast 2000 Jahre lang war das Ufer des Crystal River religiöses und kulturelles Zentrum der Ureinwohner Floridas. Sechs große Hügel, die Tempel oder Massengräber beherbergten, zeugen davon. Stelen, die es in Nordamerika sonstwo kaum gibt, weisen auf Kontakte zu den Maya hin. Als die Europäer nach Florida kamen, waren die Indianer von Crystal River bereits ausgestorben. Ein Museum informiert über die Kultur und Gebräuche dieses Volkes.
3400 N Museum Point
tgl. 8 Uhr bis Sonnenuntergang, Museum: tgl. 9-17 Uhr, 1,60 €

(F 4) CEDAR KEY

Die kleine viktorianische Fischerstadt ist zur Heimat vieler Künstler und Schriftsteller geworden. Die namengebenden Zedern sind allerdings längst abgeholzt. Von den Docks starten Bootstouren zum Cedar Keys National Wildlife Refuge, einer Salzmarschküste, in der es viele Vögel gibt.
Captain Doug's Tidewater Tours
www.tidewatertours.com
ab 15 € für 2 Stunden

(H 5) ORLANDO

In den 50er Jahren wurden hier noch Zitronen geerntet. Heute ist Orlando ein Vergnügungszentrum der Superlative: Den Grundstein legte 1971 Walt Disney mit seinem Magic Kingdom. Wer auch im Hotel nicht auf Spiderman und Co. verzichten kann, ist in den Themenhotels von Disney oder Universal am richtigen Platz. (Mehr zu Orlandos Vergnügungsparks auf S. 60.)

Übernachten

Peabody
In diesem Haus dreht sich alles um Enten: Jeden Morgen um 11 Uhr watscheln sie aus dem Lift, durch die Lobby, in den Brunnen und um 17 Uhr zurück in den „königlichen Entenpalast" auf dem Dach. Aber auch den Gästen wird jeder Komfort geboten: Fitnesscenter, Wellnessbereich, Pool, Tennisplätze, Shops und Restaurants.
9801 International Drive
Tel. (407) 352 40 00
Fax 351 00 73, www.peabodyorlando.com *891 Zi.* €€

Essen & Trinken

Manuel's on the 28th
Den besten Blick über Orlando genießt man im eleganten Restaurant im 28. Stock der Bank of America. Es gibt eine feine Auswahl von Speisen, Fischgerichte dominieren.
390 N Orange Avenue
Tel. (407) 246 65 80
www.manuelsonthe28th.com
Di-Sa 18-22 Uhr €€

(G 4) RUND UM OCALA

Pferde und weiße Farmhäuser unter knorrigen Eichen bestimmen das Landschaftsbild rund um Ocala, die „Pferdehauptstadt der USA". Mehr als 200 Ranches widmen sich der Pferdezucht. Einige Farmen kann man auf einer Führung kennen lernen.
Ocala Carriage & Tours
Downtown Ocala Square
Tel. (352) 867 87 17
www.ocalacarriage.com
Kutschfahrt durch die Farmen (ca. 2 Std.): 60 € für 2 Personen
Young's Paso Fino Ranch
8075 West Highway 326
www.youngspasofino.com
Touren Mo-Sa 10-14 Uhr, 12 €

Juniper Springs
Erfrischender Spaß im subtropischen Wald: Das natürliche Quellbecken mit einer Wassertemperatur von 22 Grad Celsius ist ein beliebter Badeplatz. Die sprudelnde Quelle treibt eine alte Wassermühle an. Bei Juniper Springs beginnen ein 11 km langer Kanuwanderweg und für Wanderer trockenen Fußes ein Rundweg durch den subtropischen Ocala National Forest, der von Schlangen, Alligatoren, Schwarzbären und Panthern bewohnt wird – und die vielen Seen, Teiche und Flußläufe natürlich von Echsen.
10863 E State Route 40 (östl. von Silver Springs, an der Einmündung der CR 314)
Tel. (352) 625 05 46
tgl. ab 8 Uhr, Parkeintritt 2,40 €, Kanumiete 20,60 €

Essen & Trinken

Felix's
Familiäres Restaurant mit guter Küche. Serviert werden karibische Fischgerichte, Steaks, Pasta und vieles mehr, die Gäste speisen in viktorianischem Ambilente mit Kronleuchtern an Stuckdecken.
917 E Silver Springs Boulevard
Tel. (352) 629 03 39
www.felixsocala.com
Di-Fr 11-14.30 u. 16.30-22
Sa 16.30-22 Uhr €

☐ FREMDSPRACHE
☐ WELTSPRACHE
Capital
LESEN. ENTSCHEIDEN.
KNSK

INFO DIE ATLANTIKKÜSTE

MERIAN | TIPP

Günstig golfen

Florida ist ein Paradies für Golfer. Es gibt mehr als 1300 Plätze, von denen fast 800 frei zugänglich sind. Während sich auf den privaten Greens die Reichen (immer) und Schönen (manchmal) tummeln, kennen öffentliche Golfplätze keinerlei Restriktionen. Weder Platzreife noch Mitgliedsausweis weden verlangt, man kommt, zahlt und spielt. Die Greenfees sind im Vergleich zu Deutschland niedrig. Für 30 bis 80 Euro ist man auf nahezu jedem öffentlichen Golfplatz dabei, oft ist es noch deutlich billiger. Besonders im Sommer, wenn die Amerikaner wegen Hitze und hoher Luftfeuchtigkeit nur selten zum Schläger greifen, warten Schnäppchenpreise. Außerdem gibt es auf einigen Plätzen günstige Halbtagestickets, mit denen man ab 14 oder 15 Uhr an den Start darf. Einen Überblick über nahezu alle Plätze in Florida gibt die Website **www.playfla.com**. Sie listet die Anlagen mit Telefonnummern und Links zu den Homepages auf.

(J 9) FORT LAUDERDALE

Fort Lauderdale wurde Mitte des 19. Jhs. in einer Sumpfgegend im Südosten Floridas gegründet. Um überhaupt bauen zu können, mussten Entwässerungskanäle ausgehoben werden. Sie sind heute das Markenzeichen der Stadt und haben ihr den Ruf als „Venedig Amerikas" eingebracht. Doch im Gegensatz zum echten Venedig liegen hier riesige Yachten vor Millionärsvillen. Besonders gut sieht man sie bei einer Kanaltour oder einer Fahrt mit dem Wassertaxi (etwa 8 €).

Bonnet House
Kunstmuseum und wunderschöner Garten mit Orchideenhaus. Erbaut 1920 vom Künstler und Designer Frederic Clay als seine Interpretation eines Plantagenhauses.
900 N Birch Road
www.bonnethouse.org *Di-Sa 10-16, So ab 12 Uhr, 12 €*

Stranahan House
Eines der ältesten Häuser der Stadt. 1901 als Kaufladen und Postamt erbaut, diente es ab 1906 als Wohnhaus. Heute ist es ein Museum und zeigt die Lebensverhältnisse zu Anfang des 20. Jhs. in Amerika.
335 SE 6th Avenue/Las Olas Bd.
www.stranahanhouse.org
Mi-Sa 10-15, So 13-15 Uhr, 8 €

Riverwalk
Vom Stranahan House führt ein zweieinhalb Kilometer langer Spazierweg am Fluss entlang, vorbei unter anderem am Museum of Art und am Museum of Discovery and Science.
www.goriverwalk.com

Übernachten

Tropi Rock Resort
Schöne große Zimmer, ein verwunschener grüner Garten mit Pool und nur zwei Minuten zum Strand.
2900 Belmar Street
Tel. (954) 564 05 23
Fax 564 13 13
www.tropirock.com *31 Zi.* €

Essen & Trinken

Mai-Kai Restaurant and Polynesian Show
In diesem preisgekrönten Restaurant kommen Spezialitäten aus der Südsee und aus China auf den Tisch. Zweimal pro Abend gibt es eine polynesische Show mit hawaiianischen Hochzeitsliedern und samoanischem Feuertanz.
3599 N Federal Highway
Tel. (954) 563 32 72
www.maikai.com *So-Do 18-22.30, Fr, Sa 17-1 Uhr*
€€€

Shopping

A Christmas Place
Ein Paradies für Weihnachts-Liebhaber: 200 000 Christmas-Artikel warten auf Käufer, vom Santa Claus bis zum Lametta.
800 NE 13th Street
www.achristmasplace.com
Mo-Sa 10-21, So 10-16 Uhr

(J 8) BOCA RATON

Die elegante Villenstadt Boca Raton wurde 1925 vom Milliardär Addison Mizner gegründet. Pensionärssiedlungen, Tennisplätze und Golfanlagen prägen die Stadt heute.

Mizner Park
Die nach dem Stadtgründer benannte Mall ist eine kleine Stadt für sich. Neben Läden findet man hier auch Restaurants, Kinos und das Museum of Art, das von historischen Zeichnungen bis zur US-Gegenwartskunst Werke verschiedenster Stilrichtungen zeigt.
Plaza Real, Mall: *Mo-Mi, Sa 10-18, Do 10-21, So 12-17 Uhr*
Boca Raton Museum of Art
www.bocamuseum.org
Di-Fr 10-17, Mi bis 21 Uhr
Sa 12-17 Uhr, 6 €

Übernachten

Boca Raton Bridge Hotel
Die geräumigen Zimmer dieses Strandhotels sind in sanften Rosatönen gehalten, die meisten haben Meerblick. Zum Hotel gehört das mehrfach preisgekrönte Watercolors Café.
999 E Camino Real
Tel. (561) 368 95 00
Fax 362 04 92
www.bocaratonbridgehotel.com
121 Zi. €€

Essen & Trinken

5-Spice Asian Street Market
Eigentlich nur ein Takeaway. Aber das Essen schmeckt so gut, dass viele Einheimische lieber hierher gehen als in ein Restaurant.
1200 Yamoto Road
Tel. (561) 989 16 88
Mo-Sa 11-21, So 12-21 Uhr €

(J 8) PALM BEACH

Edle Villen und Sicherheitsdienste vor allen Toren zeugen davon, dass hier Floridas VIPs zu Hause sind. Neugierige Tou-

€ Preiskategorien für Hotels und Restaurants finden sie auf Seite 107

Stau am Strand: In Daytona Beach darf jeder mit dem Wagen auf dem Sand fahren. Früher wurden dort sogar Autorennen ausgetragen

risten hält man sich durch hohe Hecken vom Leib – zu sehen gibt es trotzdem genug. Am North Ocean Boulevard im Haus Nr. 1095 verbrachten bis 1995 die Kennedys ihre Winter. An der Mansion Row liegen weitere interessante Villen: Nr. 126 gehört Estée Lauder, in der 720 wohnte John Lennon, und das „Mar-a-Lago", Nr. 1100, ist das größte Anwesen in Palm Beach. Donald Trump hat hier seinen Privatclub.

Palm Beach Bicycle Trail Shop
Für eine Rundfahrt durch die Villenviertel bietet sich das Mietfahrrad an. Die Angestellten geben gerne Tipps zu sehenswerten Promi-Adressen.
223 Sunrise Avenue
Tel. (561) 659 45 83
www.palmbeachbicycle.com
Mo-Sa 9-17.30, So 10-16 Uhr, 20 € Tagesmiete

Flagler Museum
Es war das Hochzeitsgeschenk von Eisenbahnkönig Henry Morrison Flagler an seine dritte Ehefrau: ein weißer Palast mit 55 Zimmern. Heute beherbergt er das Flagler Museum.
Ecke Cocoanut Row/Whitehall Way
www.flaglermuseum.us
Di-Sa 10-17, So 12-17 Uhr, 8 €

Übernachten

Hibiscus House
Kleines persönliches Bed & Breakfast in einem liebevoll renovierten Haus von 1922. Jedes Zimmer ist individuell eingerichtet. Kleiner Pool im Garten.
501 30th Street, West Palm Beach
Tel./Fax (561) 863 56 33
www.hibiscushouse.com *5 Zi.* €€

Essen & Trinken

The River House
Thunfisch und Schwertfisch vom Grill sind die Spezialitäten dieses Restaurants direkt am Wasser. Probieren Sie die kombinierten Gerichte mit Fleisch und Meeresfrüchten!
2373 PGA Boulevard, Palm Beach Gardens, Tel. (561) 694 11 88
www.riverhouserestaurant.com
tgl. 17-22 Uhr €€€

(J 8) JUNO BEACH

Von Mai bis September laichen am Juno Beach die Meeresschildkröten, dann werden Führungen zu den Nestern organisiert. Im Jonathan Dickinson State Park kann man ganzjährig auf dem Loxahatchee River Bootstouren unternehmen.
Jonathan Dickinson State Park, 16450 SE Federal Hwy 1 Hobe Sound
www.floridaparktours.com
tgl. 9, 11, 13 und 15 Uhr, 11,50 €

(H 4) DAYTONA BEACH

Spring Break, die alljährliche Strandorgie der amerikanischen Studenten, machte Daytona Beach berühmt. Am 37 Kilometer langen Strand dürfen Autos fahren. Zweimal im Jahr treffen sich außerdem Motorradfans zu großen Biker-Rennen.

Daytona Speedway
Seit seiner Eröffnung 1959 gilt der Speedway als Zentrum des Rennsports. Besucher können eine Rundfahrt über das Gelände machen oder bei der „Richard Petty Driving Experience" selbst Gas geben. Ein Museum dokumentiert die Renngeschichte.
1801 W International Speedway Boulevard, www.daytonausa.com
www.1800bepetty.com
tgl. 9-17 Uhr **Museum** *18 €*
Speedway-Touren *7 €,* **Richard Petty Driving Experience (Reservierung Tel. 18 00 237 38 89)** *ab 110 €*

Ponce de Leon Lighthouse
Mehr als 200 Stufen führen auf den höchsten Leuchtturm Floridas. In dem Bauwerk von 1887 erinnert ein Museum an die Schiffsunglücke vor der „Schatzküste".
4931 S Peninsula Drive
www.ponceinlet.org
Juni-Aug. tgl. 10-21 Uhr
sonst 10-18 Uhr, 4 €

In St. Augustines Fort Castillo de San Marcos werden alte Schlachten neu inszeniert

Übernachten

The Villa
Das kolonial anmutende Bed & Breakfast von 1920 wurde mit plüschigen Sofas, russischen Ikonen und orientalischen Teppichen eingerichtet. Im Garten ein Pool unter Baumfarnen und Zitrusbäumen.
801 N Peninsula Drive
Tel./Fax (386) 248 20 20
www.thevillabb.com *4 Zi.* €€

Essen & Trinken

Rain Supper Club
Rote Barhocker setzen Farbtupfer in diesem ansonsten in schlichtem Weiß gehaltenen Restaurant. Serviert wird Fusion-Küche, z. B. Austern mit Wassermeerettich und Himbeer-Sake-Sauce.
509 Seabreeze Boulevard
Tel. (386) 252 72 46
www.rainsupperclub.com
Di-Sa ab 17.30 Uhr €€€

(H 3) ST. AUGUSTINE

Die älteste Stadt der USA, 1565 von den Spaniern gegründet, hat sich ihr historisches Flair bewahrt: Gassen mit Kopfsteinpflaster, gesäumt von Bauten im kolonialen, viktorianischen oder maurischen Stil. Auch der Eisenbahnpionier Henry Flagler ließ hier einige verschnörkelte Paläste bauen. Denkmäler und Museen stehen an der Plaza de la Constitución und entlang der St. George Street.

Castillo de San Marcos National Monument
Nachdem neun hölzerne Vorgängerbauten zerfielen oder verbrannten, errichteten die Spanier im 17. Jh. ein steinernes Fort, das älteste erhaltene des Landes. Heute spielen dort Darsteller in historischen Kostümen Szenen aus dem 17. Jh. nach.
1 S Castillo Drive
www.nps.gov/casa
tgl. 8.45-17.15 Uhr, 4,80 €

Colonial Spanish Quarter
Das Freilichtmuseum wurde aus historischen Gebäuden rekonstruiert. Kostümierte Statisten simulieren spanisches Stadtleben im 18. Jh.
35 St. George Street
www.historicstaugustine.com
tgl. 9-17.30 Uhr, 5,60 €

Lightner Museum
In Flaglers märchenhaftem Alcazar Hotel mit altem Ballsaal und einem luxuriösen Indoor-Pool werden heute unter anderem Glaskunst von Tiffany und Möbel ausgestellt.
75 King Street
www.lightnermuseum.org
tgl. 9-17 Uhr, 6,40 €

Old St. Augustine Village
Der exzentrischer Sammler Kenneth Dow kaufte für seine Möbel und Antiquitäten diese neun Häuser aus der Zeit von 1790 bis 1910. Die Gebäude wurden restauriert und mit Teilen der Sammlung bestückt.
246 St. George Street
www.old-staug-village.com
tgl. 9-17 Uhr, 5,60 €

Flagler College
Von Henry Flagler als Luxusresort konzipiert, beherbergt das ehemalige Hotel Ponce de Leon heute das Flagler College. Der Speisesaal mit fast 80 Tiffany-Fenstern und andere Innenräume werden im Rahmen einer Führung gezeigt.
74 King Street
Tel. (904) 823 33 78
www.flagler.edu
Touren tgl. 10 und 14 Uhr, 4,80 €

Übernachten

Casablanca Inn
Das hübsche Bed & Breakfast wurde in den letzten Jahren mehrfach unter die Top Ten der Region gewählt. Die gemütlichen Zimmer bieten Ausblick auf die Bucht von Matanzas oder zur Altstadt.
24 Avenida Menendez
Tel. (904) 829 09 28
Fax 826 18 92
www.casablancainn.com
23 Zi. €€

Essen & Trinken

95 Cordova
Im Stil der Alhambra wurde das Hotel Casa Monica 1888 erbaut. Das Restaurant ist bekannt für exotische Kreationen wie Asia-Seafood-Strudel.
95 Cordova Street
Tel. (904) 810 68 10
www.casamonica.com/95cordova, *tgl. 6.30-10.30, 11-14.30, 17-22.30, Brunch So 10.30-14.30 Uhr* €€

(H 2) AMELIA ISLAND

Franzosen, Spanier, Engländer und Mexikaner beherrschten die Insel im Lauf ihrer wechselvollen Geschichte. Der Hotelboom hat hier zum Glück noch nicht begonnen: Holzhäuser säumen den Strand, an dem Meeresschildkröten ihre Eier ablegen.

Fernandina Beach
Mehr als 400 spätviktorianische Häuser stehen in der Shrimpshauptstadt Floridas. Nachmittags, wenn die Fischer zurückkehren, unbedingt von deren Fang kosten!
Amelia Island Museum
233 S. Third Street
www.ameliamuseum.org *Mo-Sa 10-16, So 13-16 Uhr, 5,60 €*

Kingsley Plantation
Baumwolle und Zuckerrohr wurden auf dieser Plantage aus dem frühen 19. Jahrhundert angebaut. Das Herrenhaus am Ufer des Fort George River ist eines der ältesten Häuser Floridas, ebenso wie einige der Sklavenhütten aus Coquina (Kalkstein mit Muscheln).
11676 Palmetto Avenue
www.nps.gov/timu
tgl. 9-17 Uhr, Eintritt frei

Übernachten

Amelia Island Plantation
Eingebettet zwischen Marschen und Meer erstreckt sich dieses parkähnlich angelegte Resort, in dem alle Freizeitwünsche erfüllt werden: Mehrere Pools, Golf- und Tennisplätze, Wander- und Radwege, Fischen, Segeln und Reiten. Restaurants, Geschäfte und ein Spa gehören zur Anlage.
6800 1st Coast Highway
Tel. (904) 261 61 61
Fax 277 59 45, www.aipfl.com
249 Zi. mit Seeblick, 420 Apartments in Villen €€

Florida House Inn
In diesem über 150 Jahre alten Haus nächtigte schon der Freiheitskämpfer José Martí. Alle Zimmer und Apartments haben einen Kamin, der Stil reicht von rustikaler Blockhausromantik bis edel viktorianisch.
22 S 3rd Street
Tel. (904) 261 33 00
Fax 277 38 31
www.floridahouseinn.com
22 Zi. €€

Essen & Trinken

Down Under Marina
Die „Locals" trinken hier abends gern ihr Bier oder lassen sich die frischen Meeresfrüchte schmecken. An die skurrile Lage unter einer Autobahnbrücke (down under) haben sie sich gewöhnt. Besonders zu empfehlen sind die Shrimps in rotem Pfeffer und die Pasteten aus Krabbenfleisch.
4883 Otis Trail
Tel. (904) 261 10 01
tgl. außer Mo ab 17 Uhr €

Information

Je weiter man in Florida nach Norden fährt, desto „südlicher“ wird es. Der so genannte „Pfannenstiel“ ähnelt den Südstaaten Amerikas weit mehr als Floridas Halbinsel. Außerdem gehen die Uhren hier anders – im wahrsten Sinne des Wortes: Der Westen des Panhandle gehört zu einer anderen Zeitzone und ist eine Stunde zurück.

(B 2) PENSACOLA

Fünf Kolonialherren prägten über 300 Jahren lang die häufig von Hurrikanen heimgesuchte Stadt. Beides schlug sich in einem bunten Baustil-Mix nieder. Hauptanziehungspunkte sind die historische Innenstadt und der North Hill Preservation District.

Historic Pensacola Village
Der Museumskomplex im Seville District, dem ältesten Viertel der Stadt, umfasst rund zwanzig Gebäude und mehrere Museen.
Eingang im Tivoli House, 205 E Zaragoza Street, www.historicpensacola.org
Di-Sa 10-16, sonst Mo-Fr 10-16 Uhr, Touren um 11, 13 und 14.30 Uhr, 5 €

Übernachten

Noble Manor
Das Bed & Breakfast im Tudor Revival-Stil mit Garten und Pool bietet seinen Gästen einen gemütlichen Wohnbereich mit viktorianischen Möbeln.
110 W Strong Street
Tel. (850) 434 95 44, Fax 433 77 78
www.noblemanor.com *5 Zi.* €

In Apalachicola strahlt der Buchladen den Charme der Vergangenheit aus

Essen & Trinken

The Fish House
Das rustikale Fischrestaurant mit Blick über den Yachthafen hat leckeres Seafood und gute Weine im Angebot. An der Bar wird Sushi serviert.
600 S Barracks Street
Tel. (850) 470 00 03
So-Do 11-24, Fr-Sa 11-2 Uhr €€

Pensacola Beach
Wunderschöne Strände. In Richtung Osten, auf dem so genannten Miracle Strip, gibt es bis Panama City nur feinsten weißen Sand.

Indian Temple Mound Museum
Das Museum zeigt Funde aus einem 600 Jahre alten Indianergrabhügel und erklärt die Siedlungsgeschichte rund um die Choctawhatchee Bay.
139 Miracle Strip Parkway
Fort Walton Beach
Aug.-Mai Mo-Sa 10-16.30 Uhr
Juni, Juli Mo-Sa 10-16.30 Uhr
So 12-14.30 Uhr, 4 €

(D 3) APALACHICOLA

In diesem alten Hafenstädtchen spürt man noch den Charme aus der Zeit des Baumwollbooms. Heute ist Apalachicola berühmt für Austern – die frischesten gibt es in der Water Street.

John Gorrie State Museum
Erinnert wird an den Erfinder der Eismaschine, der Vorgängerin der ersten Kühlschränke und Klimaanlagen.
46 6th Street *Do-Mo 9-17 Uhr, 1 €*

Übernachten

Gibson Inn
Das 1907 im viktorianischen Stil erbaut Hotel ist eine Sehenswürdigkeit – mit pompösen Himmelbetten in den Zimmern.
51 Avenue C, Tel. (850) 653 21 91
Fax 653 35 21
www.gibsoninn.com *30 Zi.* €

Essen & Trinken

Boss Oyster Restaurant
Der Austernfang des Tages landet in vielen Variationen auf dem Teller. Terrasse zum Flussufer.
123 Water Street
Tel. (850) 653 93 64
www.apalachicolariverinn.com
So-Do 10.30-21 Uhr
Fr-Sa 10.30-22 Uhr €€

€ Preiskategorien für Hotels und Restaurants finden sie auf Seite 107

Das Alte Kapitol ist heute ein Museum. Im Hintergrund der Neubau der Regierung in Tallahassee

Apalachicola National Forest
Der Apalachicola National Forest ist das größte Waldgebiet Floridas. Der Sopchoppy und der Ochlockonee River sind ideale Reviere für Kanutouren, die Seen des Parks laden zum Paddeln und Baden ein. Seinen Traumsee findet man leicht, denn es gibt Hunderte – teilweise völlig unberührt. Der Florida National Scenic Trail gehört zu den besten Wanderwegen des Staates. Campen ist im ganzen Park erlaubt. Informationen zu Touren und Routen erhält man an den Parkeingängen.
Highway 319 östlich von Lanark Village, www.fs.fed.us/r8/florida

(E 2) TALLAHASSEE

Als die ehemalige Indianersiedlung Tallahassee 1824 zur Hauptstadt Floridas ausgebaut wurde, war Miami noch ein unbedeutendes Fischernest. Tallahassee, nur 23 Kilometer von der Grenze zu Georgia entfernt, ist eine hübsche, grüne Stadt. Magnolien- und Eichenalleen strahlen ein charmantes Südstaaten-Flair aus.

Governor's Mansion
Zwischen riesigen Magnolien-Bäumen steht diese Villa, eingerichtet mit wertvollen Antiquitäten. Sie ist Amtssitz von Floridas Gouverneur Charlie Crist, seit 2007 Nachfolger des Präsidentenbruders Jeb Bush, und kann nur in der sitzungsfreien Zeit besichtigt werden.
700 N. Adams Street
Tel. (850) 488 46 61 *Mo-Fr 8-17 Uhr (nach Anm.), Eintr. frei*

Museum of Florida History
Das 2,70 Meter große Mammutskelett „Herman" – aus der Quellhöhle von Wakulla Springs – ist das Glanzstück der Sammlung. Schön: die Souvenirausstellung über 100 Jahre Tourismusgeschichte.
500 S Bronough Street
www.museumofflorida history.com *Mo-Fr 9-16.30 Sa 10-16.30, So 12-16.30 Uhr Eintritt frei*

Old Capitol
Das ehemalige Regierungsgebäude mit seiner Kuppel und den markanten, rot-weiß gestreiften Markisen beherbergt ein Museum zur politischen Geschichte. Eine der Wahlmaschinen, die bei der Präsidentenwahl 2000 für Unregelmäßigkeiten sorgten, steht hier.
S Monroe Street
Mo-Fr 9-16.30, Sa ab 10-16.30 So 12-16.30 Uhr, Eintritt frei

Park Avenue Historic District
Sieben Parks, historische Gebäude und Friedhöfe. Der Rundgang verläuft zwischen Call Street und College Avenue, Infos im Tourismusbüro.
Visitor Center, 106 E Jefferson Street, www.seetallahassee.com

State Capitol
Der Betonbau ist keine Augenweide, aber die Aussichtsplattform im 22. Stock bietet einen herrlichen Blick.
S Duval Street *Mo-Fr 8-17 Sa, So 9-17 Uhr, Eintritt frei*

Goodwood Museum and Gardens
Alte Eichen mit langen Flechtenbärten umgeben das Haupthaus der alten Baumwoll- und Maisplantage. Einrichtung und Gemäldesammlung blieben ebenso erhalten wie die Gestaltung der Gärten.
1600 Miccosukee Road
www.goodwoodmuseum.org
Gärten Mo-Fr 9-17 Uhr Sa 10-14 Uhr, Eintritt frei Touren durchs Haus Mo-Fr 10-16, Sa 10-14 Uhr, 4 €

Übernachten

Governors Inn
Die Räume des zentral gelegenen Boutique Hotels wurden nach einstigen Gouverneuren benannt und individuell gestaltet – zum Teil als Maisonette mit Wendeltreppe oder mit Kamin. Die Zimmer sind sehr geschmackvoll mit englischen Antiquitäten möbliert.
209 S Adams Street, Tel. (850) 681 68 55, Fax 222 31 05
www.thegovinn.com
41 Zi. €€€

Essen & Trinken

Andrew's 228
Das Andrew's 228 befindet sich im Keller eines der typischen Backsteinhäuser der Stadt, farbenfroh und mit venezianischen Masken dekoriert. Gekocht wird italienisch, besonders lecker und riesig ist das Steak in der Pfefferkruste – besser zu zweit bestellen.
228 S Adams Street
Tel. (850) 222 34 44
www.andrewsdowntown.com
Mo-Do 11.30-22, Fr-Sa 11.30-23, So 11-14 Uhr €

Wakulla Springs
Mit 2,6 Millionen Liter pro Minute ist Wakulla Springs eine der größten Süßwasserquellen der Welt. Bei Bootsfahrten auf dem Fluss sieht man Vögel, Schildkröten, Seekühe und jede Menge Alligatoren. Außerdem kann man im kristallklaren Wasser schwimmen, so wie Johnny Weismuller während der Dreharbeiten zu den Tarzan-Filmen, die zum größten Teil in Wakulla Springs stattfanden.
550 Wakulla Park Drive
www.florida stateparks.org/ wakullasprings
Bootsfahrten tgl. 9.30-16.30 Uhr, 4,80 €

Übernachten

Wakulla Springs Lodge
Eine herrlich altmodische Lodge aus den 30er Jahren, eingerichtet mit Südstaaten-Antiquitäten, mitten im Naturschutzgebiet.
550 Wakulla Park Drive
Tel. (850) 224 59 50
Fax 561 72 51
www.floridastateparks.org/ wakullasprings/lodge.cfm
27 Zi. €

(G 1/2) OKEFENOKEE SUMPF

Okefenokee heißt „Land der bebenden Erde", die Indianer nannten es so, da der Boden wegen hoher Torfvorkommen recht brüchig ist. Das 1800 Quadratkilometer große Sumpfgebiet reicht von Georgia bis nach Florida. Gut ausgebaute Wanderwege führen durch den Park. Noch besser lässt sich die Landschaft auf 200 Kilometern markierter Wasserwege im Kajak erleben.
Suwannee Canoe Outpost
2461 95th Drive, Live Oak
Tel. (386) 364 49 91
www.canoeoutpost.com
Kanumiete 1 Tag ab 16 € geführte Tour 3 Tage inkl. Ausrüstung, ab 320 €

Freuen Sie sich auf das nächste Heft | Im Handel ab 25. Januar 2007

Tradition: Bäuerliche Familienbetriebe haben sich im Bregenzer Wald vielerorts erhalten – das soll auch in Zukunft so bleiben

Moderne: Ob Kunsthaus (oben) oder Seefestspiele – Bregenz setzt ganzjährig kulturelle Highlights

Zuletzt erschienen:

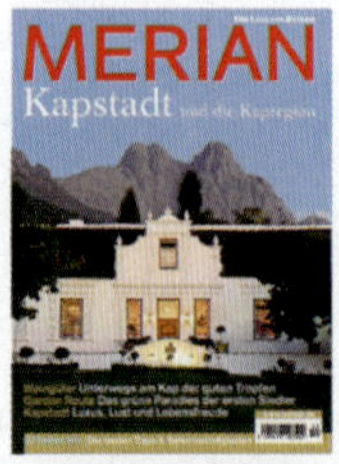

Dezember 2006

November 2006

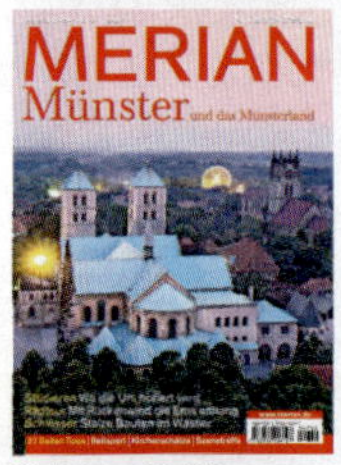

Oktober 2006

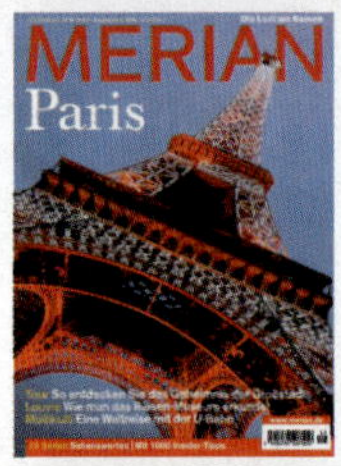

September 2006

August 2006

Juli 2006

Vorarlberg

Österreichs Schatz am Bodensee

Wiesen und Wälder, vergessene Täler und hervorragende Skigebiete haben viele Alpenregionen zu bieten. Vorarlberg hat all das und mehr: Ob Architektur, Kunst, Kultur – das „Ländle" präsentiert sich innovativ und lebendig. Eine Mischung, die bezaubert.

> Architektur: Kiste statt Kitsch – neue Baukunst macht Schule

> Bregenz: Kunsthaus und Festspiele bringen den Bodensee zum Leuchten

> Kleinwalsertal: der Deutschen liebstes Kind

> Montafon: auf Hemingways Spuren durchs Hochgebirge

Verpassen Sie nicht die nächsten Ausgaben von MERIAN: Luxemburg | Vietnam | Valencia | Rügen | Wien & Niederösterreich | Sizilien Abotelefon (040) 87 97 35 40 oder www.merian.de